Vom selben Autor:

Schotts Sammelsurium

SCHOTTS SAMMELSURIUM ESSEN & TRINKEN

Konzipiert, verfasst und gestaltet von

BEN SCHOTT

BLOOMSBURY BERLIN

Die Originalausgabe erschien 2003 unter dem Titel
Schott's Food & Drink Miscellany™

bei Bloomsbury Publishing Plc., London

© BEN SCHOTT 2003

2. Auflage 2005
Diese Übersetzung und zusätzliches deutsches Material
© 2005 Berlin Verlag GmbH, Berlin
Bloomsbury Berlin
Alle Rechte vorbehalten
Aus dem Englischen übersetzt unter Mitarbeit von
Matthias Strobel, Alexander Weber, Ludger Ikas u. a.
Der Verlag dankt Andree Michaelis, Susanne Ramirez Sanchez,
Amrei Sander und Andrea Maurer für ihre Mithilfe.

Entwurf und Typographie: BEN SCHOTT
Umschlagillustration: © Alison Lang 2003
Abbildungen auf S. 42, 54, 88, 96–97, 120, 142: © Chris Lyon 2003
Andere Abbildungen: © Ben Schott 2003

„Coca-Cola" und „Coke" sind eingetragene Markenzeichen der Firma Coca-Cola. Die
Logos auf S. 59 sind mit freundlicher Genehmigung der Firma Coca-Cola abgedruckt.

Satz: Ilka Linz, Berlin
Druck & Bindung: Clausen & Bosse, Leck
Printed in Germany 2005

ISBN 3-8270-0607-4

Der Autor übernimmt keinerlei Verantwortung in medizinischer und ernährungs-
technischer Hinsicht oder in Belangen der Nahrungsmittelsicherheit. In Zweifelsfällen
wenden Sie sich bitte an einen Experten.

www.miscellanies.info
www.bloomsburyberlin.de

SCHOTTS SAMMELSURIUM ESSEN & TRINKEN

Ein Kochbuch? Ein Weinführer? Ein Benimmbuch? Ein Eintopf? Ein Auflauf? Eine Paella? Ein Chop Suey? Ein Obstsalat? Ein Cocktail? Eine kalte Platte? Eine Teemischung? Ein Schichtkuchen?

Schotts Sammelsurium – Essen & Trinken ist all dies und womöglich noch mehr.

Schotts Sammelsurium – Essen & Trinken ist ein Picknickkorb voller kulinarischer Beiläufigkeiten und unbeachteter Konversationshappen. Sein Sinn und Zweck besteht darin, die achtlos über das Tischtuch des Allgemeinwissens verstreuten Brotkrumen einzusammeln.

Schotts Sammelsurium – Essen & Trinken erhebt kaum Anspruch darauf, erschöpfend, maßgebend oder gar praktisch zu sein. Von einem Buch dieses Umfangs könnte man wohl kaum einen vollen *à la carte*-Service verlangen – vielmehr möchte es gleich einem Probiermenü für Feinschmecker (oder *dégustation*) den Appetit anregen.

——— DIE GRUNDLAGE ALLER ERKENNTNIS ———

Keine Mühen wurden gescheut, um sicherzustellen, dass alle im *Sammelsurium* enthaltenen Informationen richtig sind. Dennoch kann der Autor keinerlei Verantwortung für den Fall übernehmen, dass Sie ein Essen bestellen, das Ihnen nicht zusagt, dass Sie Ihrem Tischnachbarn inkorrekt auf Suaheli zuprosten, dass Sie sich viel zu viele Spaghetti kochen oder Ihre Lieblingstante mit einem Pilzgericht vergiften. Aber wie schon C. G. Jung sagte: „Fehler sind nun mal die Grundlage aller Erkenntnis."

Wenn Sie Vorschläge[†], Berichtigungen, Erläuterungen oder Fragen haben, mailen Sie diese bitte an schott@berlinverlag.de oder senden Sie sie an den Autor c/o Berlin Verlag, Greifswalder Str. 207, 10405 Berlin. Wo das vorliegende Buch thematisch relevante Einträge aus *Schotts Sammelsurium* aufgreift, wurden diese möglichst erweitert und vertieft.

† Der Autor behält sich das Recht vor, alle Vorschläge und Rezepte so zu behandeln, als stammten sie von ihm selbst, und sie in zukünftigen Ausgaben oder anderweitig zu verwenden, und sei es nur, um seine Kochkunst etwas abwechslungsreicher zu gestalten.

Schotts Sammelsurium Essen & Trinken

Folgenden Personen, die mich mit Ratschlägen, Ermutigungen, Fachwissen und Erfahrungen mehr als großzügig unterstützt haben, bin ich zu tiefem Dank verpflichtet:

Jonathan, Judith und Geoffrey Schott.

Clare Algar, Stephen Aucutt, Bill Baker, Joanna Begent, Clare Bernard, Martin Birchall, Lisa Birdwood, John Casey, James Coleman, Martin Colyer, Victoria Cook, Aster Crawshaw, Rosemary Davidson, Jody Davies, Liz Davies, Mary Davis, Leslie Driesener, Jennifer Epworth, James Fitzsimons, Penny Gillinson, Dorothee Grisebach, Kate Gunning, Anna von Hahn, Gaynor Hall, Charlotte Hawse, Highgate Bookshop, Uli Hörnemann, Ludger Ikas, Max Jones, Hugo de Klee, Yuko Komiyama-Folan, Alison Lang, Rachel Law, Ilka Linz, John Lloyd, David Loewi, Ruth Logan, Chris Lyon, Jess Manson, Michael Manson, Susannah McFarlane, Anja Melzig, Colin Midson, Charles Miller, David Miller, Kristina Möller, Sarah Myerscough, Polly Napper, Sandy Nelson, Sarah Norton, Sabine Oswald, Oonagh Phelan, Cally Poplak, Dave Powell, Kathy Rooney, Daniel Rosenthal, Tom Rosenthal, Sarah Sands, Dagmar Schadenberg, Carolyne Sibley, Rachel Simhon, Carsten Sommerfeldt, Caroline Sullivan, Nicky Thompson, David Ward, Ann Warnford-Davis, William Webb, Alexander Weber und Caitlin Withey.

ANMERKUNG ZUR ÜBERSETZUNG

Die englische Originalausgabe enthält eine Reihe unübersetzbarer Einträge und Wortspiele. Sie wurden mit Zustimmung des Autors gestrichen. Zusätzlich zu neuen Einträgen des Autors wurden einige Einträge – ebenfalls mit Zustimmung des Autors – durch deutsche Entsprechungen ersetzt.

Zunächst fangen Sie sich einen Hasen ...

— HANNAH GLASSE[†]

[†] Hannah Glasse (1708–1780) war Leibschneiderin des Prinzen von Wales und Verfasserin einer Reihe weit verbreiteter Texte, darunter eines der ersten Kochbücher Englands, *The Art of Cookery made Plain and Easy* (1747). Leider wird ihr der beliebte Ausspruch *„First, catch your hare ..."* wohl fälschlicherweise zugeschrieben. Tatsächlich beginnt das fragliche Kochrezept mit den Worten: *„Take your hare when it is cas'd and make a Pudding"* – wobei sich *cas'd* hier mit „gehäutet" übersetzen lässt.

Schotts Sammelsurium Essen & Trinken

WHISKY, WHISKEY & DAS WASSER DES LEBENS

Der Begriff „Whisky" leitet sich aus dem gälischen Wort *usquebaugh* ab, das sich als „Wasser des Lebens" übersetzen lässt: *uisge* – Wasser; *beatha* – Leben. Im modernen Sprachgebrauch unterscheidet man zwischen *whisky*, der aus Schottland kommt, und dem in Irland hergestellten *whiskey*. Die amerikanische Schreibweise ist ebenfalls *whiskey*.

PROST! RUND UM DIE WELT

Afrikaans	Gesondheid!
Albanisch	Gëzuar!
Amharisch	Desta!
Bretonisch	Iermat!
Chinesisch (Mandarin)	*gan bei!*
Dänisch	Skål!
Englisch	Cheers!
Esperanto	Je via sano!
Finnisch	Kippis!
Französisch	A votre santé!
Gälisch (Irisch)	Sláinte!
Griechisch	*jámas!*
Griechisch (Altgriechisch)	*hygeia!*
Hebräisch	*l'chájim!*
Italienisch	Salute!
Japanisch	*kampai!*
Katalanisch	Salut!
Lateinisch	Bibite!
Maorisch	Kia ora!
Morsesprache	.. —· ·—· ——— ··· –
Niederländisch	Proost!
Norwegisch	Skål!
Polnisch	Na zdrowie!
Portugiesisch	Saúde!
Rumänisch	Noroc!
Russisch	*na zdorovye!*
Serbokroatisch	Zivjeli!
Spanisch	¡Salud!
Suaheli	Kwa Siha Yako!
Taiwanesisch	*hotala!*
Ungarisch	Egészségére!
Walisisch	Iechyd da!

HYSTERON PROTERON

Das „Hysteron Proteron" war ein Dinnerklub am Balliol College, Oxford, den der Schriftsteller Evelyn Waugh in seiner herrlichen Autobiographie *A Little Learning* beschrieben hat: „... Mitglieder lassen sich von keinerlei Unannehmlichkeiten davon abhalten, einen Tag rückwärts zu leben: Sie stehen in Abendgarderobe auf, trinken Whiskey, rauchen Zigarren und spielen Karten; dann, um zehn Uhr, nehmen sie das Abendessen in umgekehrter Reihenfolge ein, beginnen also mit den Häppchen und enden mit der Suppe." Der Begriff Hysteron Proteron kommt vom griechischen *hysteros* – „später" und *protos* – „früher". Für gewöhnlich beschreibt er eine rhetorische Technik, bei der die normale Reihenfolge eines Satzes umgekehrt wird, um dadurch eine dramatische oder ironische Wirkung zu erzielen. Ein häufig zitiertes Beispiel für ein Hysteron Proteron ist Vergil entnommen: *moriamur et in media arma ruamus* – „Lasst uns sterben und uns in die Feinde stürzen." [*Aeneis* 2.353]

– 10 –

RAUCHRINGE

Rauchringe zu blasen ist einfacher gesagt als getan. Man nehme beispielsweise den Mund voll Rauch, presse die Zunge flach gegen den Mundboden, forme die Lippen zu einem Kreis (so als würde man Oh! sagen) und drücke den Rauch durch die Lippen, allerdings ohne zu blasen, sondern indem man die Kehle stoßweise zusammenzieht.

FEUER SPRÜHE, KESSEL GLÜHE!

Folgende Zutaten verwenden die drei Hexen in Shakespeares *Macbeth* (IV.1) für ihren Zaubertrank:

Gift · Kröte · sumpf'ger Schlange Schweif und Kopf
Molchesaug · Unkenzehe · Hundemaul · Hirn der Krähe
zäher Saft des Bilsenkrauts · Eidechsbein · Flaum vom Kauz
Wolfeszahn · Kamm des Drachen · Hexenmumie
Gaum und Rachen aus des Haifisch scharfem Schlund
Schierlingswurz aus finsterm Grund · des Lästerjuden Lunge
Türkennas · Tatarzunge · Hand des neugebornen Knaben
Tigereingeweid · Paviansblut

SAFRAN

Safran wird aus einer herbstblühenden fliederfarbenen Krokusart, dem *Crocus sativus* aus der Familie der Schwertliliengewächse (*Iridaceae*), gewonnen. Sein Name leitet sich vom Arabischen *za'fran* („gelb sein") her. Was man allgemein als Safran bezeichnet, sind tatsächlich nur die dünnen Narbenfäden dieser Krokusart; jeder Safrankrokus hat drei Narbenfäden, die von Hand gepflückt werden. Bis zu 150 000 Blüten werden benötigt, um ein Kilogramm getrockneten Safran zu gewinnen, was erklärt, warum der Safran noch immer als eines der teuersten Gewürze der Welt gilt – oft ist er mehr wert als sein Gewicht in Gold. Safran zeichnet sich durch einen intensiven angenehmen, wenn auch mitunter etwas bitteren Duft aus und dient üblicherweise als Gewürz oder Färbemittel. (Um aus getrocknetem Safran Farbe zu gewinnen, muss man die Fäden einige Stunden in Wasser einweichen.) Vermutlich dank seiner Seltenheit und seines Preises galt Safran lange als Aphrodisiakum. Zeus soll auf einem Bett aus Safran geschlafen haben; in vielen Kulturen wurden Brautschleier mit Safran gefärbt; und reiche Römer streuten Krokusfäden auf die Hochzeitsbetten – was womöglich die lateinische Redensart erklärt, die von freudiger Erregung spricht:

dormvit in sacco croci — Er hat in einem Bett aus Safran geschlafen

—— POPCORN: GESCHICHTE & BESTELLWEISE ——

Popcorn wird hergestellt, indem man getrocknete Maiskörner (*Zea mays everta*) in Fett brät. Wenn der Mais sich erhitzt, schwillt die darin enthaltene Stärke an und bricht durch die Außenhaut des Kerns. Spuren frühen Popcorngebrauchs lassen sich in Südamerika nachweisen; offenbar waren aufplatzende Maiskörner bei manchen Zeremonien der Azteken im 16. Jahrhundert ein Schlüsselelement. Erst 1893 entwickelte Charles C. Cretors die weltweit erste mobile Popcornmaschine und ebnete damit der Massenproduktion des Snacks den Weg. Wer im Kino Popcorn bestellt, steht vor einem Dilemma. Von zu viel süßem Popcorn wird einem schlecht, und zu viel salziges Popcorn kann zu unerfreulicher Dehydrierung führen. Die ideale Lösung besteht also darin, beide Arten zu bestellen. Die Wissenschaft hat festgestellt, dass man am besten die untere Hälfte der Tüte mit süßem Popcorn füllt und den Rest mit salzigem Popcorn aufstockt *(siehe Diagramm rechts)*. Auf diese Weise stößt man nämlich genau in dem Moment, wenn einem der Salzgeschmack zu viel wird, auf die süße Schicht, die eine angenehme Abwechslung verschafft.

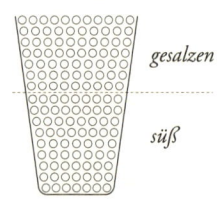

—— TOAST MELBA ——

Es heißt, der Toast Melba (hauchdünne, zweifach getoastete Brotscheiben) sei eigens für die Opernsängerin Helen Porter Mitchell (1861–1931), die unter dem Künstlernamen Nellie Melba auftrat, kreiert worden. Auguste Escoffier, Chefkoch im berühmten Hotel von César Ritz in Paris, soll den Snack erfunden haben, um die Melba während ihrer Krankheit im Jahr 1897 bei Kräften zu halten. Dennoch ist es Ritz, dem die Namensgebung zugeschrieben wird. Die Geschichte könnte durchaus auch so zutreffen, doch ist ein Toast Melba derart einfach zuzubereiten (tatsächlich ist die Wahrscheinlichkeit recht hoch, einen Toast Melba oder etwas Ähnliches rein zufällig herzustellen), dass der Verdacht nahe liegt, Escoffier und Ritz hätten kaum mehr getan, als einer vorhandenen Verfahrensweise einen klangvollen Namen zu geben. Der Toast Melba, den es in Geschäften zu kaufen gibt, ist meist abscheulich, ihn zuzubereiten ist jedoch denkbar einfach:

Brotscheiben leicht toasten und sie, während sie noch warm sind, in der Mitte in zwei dünne Hälften schneiden. Die Hälften erneut toasten (ein warmer Ofen ist ideal), bis sich die Kanten leicht kräuseln.

Toast Melba ist eine ideale Beilage zu Pasteten, Käse und leichten Suppen.

Schotts Sammelsurium Essen & Trinken

——— DIE WICHTIGSTEN ZIGARRENFARBEN ———

In kubanischen Zigarrenfabriken unterschied man einst 200 verschiedene Farbtöne des Tabaks. Heutzutage sind noch etwa 60 Fachbegriffe in Gebrauch, die jedoch üblicherweise zu sieben Grundfarben zusammengefasst werden. Nach Helligkeit geordnet, ergibt sich folgendes Schema:

Clarissimo – grün
Claro Claro – blond
Claro – wie Milchkaffee
Colorado Claro – mittelbraun
Maduro Colorado – rotbraun
Maduro – schwarzbraun
Oscuro – schwarz

——— BOWLE ———

Im Folgenden eine Beschreibung der Bowle, die anlässlich eines Banketts des Oberbefehlshabers der britischen Truppen, Sir Edward Russell, im Jahr 1747 kredenzt wurde:

> *Als Schüssel diente das Marmorbecken eines entzückenden Gärtchens, das den Mittelpunkt von vier großzügig angelegten, mit Orangen- und Zitronenbäumen gesäumten Alleen bildete. Auf vier gewaltigen Tischen, die sich über die gesamte Länge einiger Alleen erstreckten, war eine immense Auswahl köstlichster Speisen angerichtet. Das Becken war zunächst mit vier großen Fässern Branntwein gefüllt worden, hinzu kamen acht Fässer Trinkwasser, fünfundzwanzigtausend Zitronen, achtzig Seidel Zitronensaft, dreizehn Zentner Zucker, fünf Pfund Muskatnuss, dreihundert Gebäckstücke und eine halbe Tonne Malaga-Wein. Eine Markise schützte das Bassin vor dem Regen, der die chemische Zusammensetzung des delikaten Getränks hätte zerstören können; und ein Schiffsjunge, der zur Flotte gehörte, ruderte in einem kleinen Boot aus Rosenholz auf der Bowle umher, jederzeit bereit, die ausgelassene Gesellschaft der mehr als sechstausend Gäste zu bedienen.*

——— ALKOHOL IM BLUT ———

Die Höchstmenge an Alkohol, die Autofahrer in Deutschland im Blut haben dürfen, beträgt 0,5 ‰ (Promille) – das entspricht 50 mg Alkohol pro 100 ml Blut. (0,8 in Großbritannien, 0,5 in Frankreich, Österreich und Dänemark, 0,2 in Schweden und 0,0 in Kroatien, Estland und Ungarn.)

Schotts Sammelsurium Essen & Trinken

HOCHDEUTSCH-ÖSTERREICHISCH KULINARISCH

Aprikose	Marille
Aubergine	Melanzani
Berliner	Faschingskrapfen
Blattsalat	Häuptlsalat
Blumenkohl	Karfiol
Bonbon	Zuckerl
Brötchen	Semmel
Eierkuchen	Palatschinken
Eigelb	Dotter
Eiweiß	Eiklar
Erdnuss	Aschanti
Federweißer	Sturm
Feldsalat	Vogerlsalat
Filet	Lungenbraten
Frikadelle	Fleischlaibchen
Gänsefett	Gänseliesen
Geräuchertes	Geselchtes
Gehacktes	Faschiertes
Grießbrei	Grießkoch
Grüne Bohne	Fisole
Hähnchen	Hendl
Hammelfleisch	Schöpsernes
Hefe	Germ
Hörnchen	Kipferln
Johannisbeere	Ribisel
Kaninchen	Kiniglhas
Kartoffel	Erdapfel
Kassler	Selchkarree
Kirsche	Weichsel
Knoblauch	Knofel
Kutteln	Fleck
Limonade	Kracherl
Lutschen	Zuzeln
Mais	Kukuruz
Meerrettich	Kren
Orangen	Pomeranzen
Orangea	Aranzini
Ochsenschlepp	Ochsenschwanz
Pilz	Schwammerl
Pflaumenmus	Powidl
Pökelfleisch	Surfleisch
Quark	Topfen, Schotten
Rettich	Radi
Rosenkohl	Kohlsprossen
Rosine	Weinbeere
Rote Bete	Randen
Sahne	Rahm, Obers
Salatkartoffel	Kipfler
Schaumkuss	Schwedenbombe
Sellerie	Zeller
Stachelbeere	Agrasel
Suppengrün	Wurzelwerk
Tomate	Paradeiser
Truthahn	Indian
Wacholder	Kranewit
Zander	Fogosch

HÄAGEN-DASZ

Obwohl viele Eisliebhaber dies glauben, kommt die Eiscrememarke „Häagen-Dasz" keinesfalls aus dem kühlen Norden Europas, sondern ist eine Erfindung polnischer Einwanderer aus der New Yorker Bronx. Seit 1961 verkauft die Familie Mattus ihr Eis unter dem Fantasienamen, den ein Skandinavier prompt als ungrammatisches Kauderwelsch entlarven würde. Obwohl auf frühen Verpackungen sogar eine Landkarte Dänemarks abgebildet war, soll der Name (so das Unternehmen) lediglich „an skandinavische Frische und Qualität erinnern". Die Kette betreibt rund 700 Filialen in 54 Ländern der Welt – jedoch keine einzige davon in Skandinavien.

Schotts Sammelsurium Essen & Trinken

KAFFEE MIT SCHUSS

Ebenezer Cobham Brewer zufolge (wenngleich keine andere Quelle dies bestätigt) wurden in den Ardennen nach dem Essen zehn Tassen Kaffee getrunken, jede mit einem speziellen Namen und einem zunehmenden Anteil an Alkohol:

1. *Café*	6. *Sur-goutte*
2. *Gloria*	7. *Rincette*
3. *Pousse Café*	8. *Re-rincette*
4. *Goutte*	9. *Sur-rincette*
5. *Regoutte*	10. *Coup de l'étrier*

UBUKASHYA

Das sambische Volk der Bemba nennt das heftige Verlangen nach Fleisch *Ubukashya*.

10 REGELN FÜR GESUNDE ERNÄHRUNG

Die Deutsche Gesellschaft für Ernährung e. V. hat auf der Grundlage wissenschaftlicher Erkenntnisse „10 Regeln für vollwertiges Essen" definiert, die verkürzt folgendermaßen lauten:

1. Vielseitig essen: Es kommt immer auf die Menge, Auswahl und Kombination der Lebensmittel an.

2. Mehrmals am Tag Getreideprodukte und reichlich Brot, Nudeln, Reis, Getreideflocken.

3. Gemüse und Obst; idealerweise zu jeder Hauptmahlzeit oder als Zwischenmahlzeit.

4. Täglich Milch- und Milchprodukte, ein Mal in der Woche Fisch; Fleisch, Wurstwaren und Eier nur in Maßen.

5. Reichlich Flüssigkeit trinken; 1,5 l pro Tag.

6. Wenig Fett und fettreiche Lebensmittel; 70–90 g Fett am Tag reichen aus.

7. Zucker und Salz in Maßen; mit Zucker und Zuckerzusatz hergestellte Getränke nur gelegentlich; Jodsalz verwenden.

8. Schmackhaft und schonend zubereiten; Garen bei niedrigen Temperaturen, kurz, mit wenig Wasser und wenig Fett.

9. Zeit nehmen beim Essen; das Essen genießen.

10. Auf das Gewicht achten und reichlich Bewegung.

EU-RICHTLINIEN ZUR KENNZEICHNUNG VON NAHRUNGSMITTELN

„fettfrei" .... enthält ≤ 0,5 g Fett pro 100 g
„zuckerfrei" .... enthält ≤ 0,5 g Zucker pro 100 g
„ballaststoffreich" .... enthält ≥ 6 g Ballaststoffe pro 100 g
„fettarm" .... enthält ≤ 3 g Fett pro 100 g
„zuckerarm" .... enthält ≤ 5 g Zucker pro 100 g
„natriumarm" .... enthält ≤ 0,12 g Natrium pro 100 g
„erhöhter Anteil an" .... enthält ≥ 30 % mehr des Nährstoffs
                                          als ein vergleichbares Produkt
„reduzierter Anteil an" .... enthält ≥ 30 % weniger des Nährstoffs
                                          als ein vergleichbares Produkt

BULIMIA & ANOREXIA

BULIMIA NERVOSA
Bei der auch als Bulimie oder „Ess-Brech-Sucht" bezeichneten Essstörung nehmen die Erkrankten innerhalb kurzer Zeit große (meist kalorienreiche) Nahrungsmengen zu sich und führen anschließend selbst das Erbrechen herbei, um sich der zuvor aufgenommenen Nahrung zu entledigen.

ANOREXIA NERVOSA
Bei der auch als „Pubertätsmagersucht" bezeichneten Essstörung glauben die Erkrankten – meist zu Unrecht –, sie seien übergewichtig, und verweigern deshalb die Nahrungsaufnahme. Die Krankheit führt zu lebensbedrohlicher Abmagerung und sogar bei bis zu 10 Prozent der Fälle zum Tod.

CORDON BLEU

Un Cordon Bleu war ein Ritter des altehrwürdigen französischen Ordens der *Saint-Esprit* – ein Spitzname, der von dem blauen Band abgeleitet war, an dem die Auszeichnung hing. Heinrich III. schuf diesen Orden 1578 und begrenzte die Mitgliederzahl auf 100 Ritter; unter der Herrschaft der Bourbonen war er der höchste Ritterorden. Der Begriff „cordon bleu" wurde bald zum Synonym für Vorzüglichkeit auf jedem Gebiet, besonders aber auf dem des Kulinarischen, wobei der Zusammenhang zwischen Orden und Kochen umstritten ist. Einige behaupten, dass das blaue Band der Küchenschürze eine schmeichelhafte Anlehnung an die blaue Schärpe der Ritter sei. Andere wiederum sagen, dass einige Ritter (wie der Comte d'Olonne) als Gourmets berühmt wurden und Anlass zu dem Ausdruck gaben: *„Bien, c'est un vrai de cordon bleu"*. Heutzutage taucht dieser Satz für gewöhnlich im Zusammenhang mit der Kochschule Cordon Bleu auf, die 1895 in Paris gegründet wurde.

FÜNF SIND GELADEN

Fünf sind geladen
Zehn sind gekommen
Gieß Wasser zur Suppe
Heiß alle willkommen.
— TRADITIONELL

KÖRPERSÄFTE & ZWIEBELN

Die Verknüpfung von Koch- und Heilkunst ist uralt. Schon Hippokrates ging davon aus, dass sowohl Gesundheit als auch Temperament eines Menschen von der Mischung seiner vier „Körpersäfte" abhängen. Man unterschied vier Typen, bei denen jeweils ein Saft dominierte:

Saft	Temperament	Elementarqualität
schwarze Galle	Melancholiker	kalt und trocken
gelbe Galle	Choleriker	warm und trocken
Schleim	Phlegmatiker	kalt und feucht
Blut	Sanguiniker	warm und feucht

Da die Ernährung den Flüssigkeitshaushalt beeinflusst, erachtete man es als wichtige Aufgabe der Diätik, für ein konstantes Säfteverhältnis zu sorgen. Keinesfalls sollte also ein vorherrschender Saft durch die Aufnahme eines Lebensmittels verstärkt werden, das dessen Menge im Körper vermehrt. Schwarzgalligen Melancholikern (oft Gelehrten) wurde so z. B. empfohlen, keine schwarzen Lebensmittel (Wild, Linsen, Senf) zu sich zu nehmen. In einem der ersten deutschen Ernährungsratgeber, Johann Sigismund Elsholtz' *Diaeteticon* (1682), heißt es zum Genuss von Zwiebeln:

... dass sie den kalten und phlegmatischen Leuten, weil sie mit ihrer subtilen Schärfe den kalten Schleim durchdringen und erwärmen, einigermaßen dienlich sein können, dass sie hingegen den hitzigen und cholerischen Naturen, indem ihre scharfen Dämpfe zu Kopfe steigen, unruhigen Schlaf und flüssige Augen verursachen, höchst schädlich sind.

ZIGARRENLAGERUNG

Der optimale Ort, um Zigarren aufzubewahren, ist ein Humidor mit folgenden Werten:

TEMPERATUR: 18–21 ºC · LUFTFEUCHTIGKEIT: 65–70 %

Schotts Sammelsurium Essen & Trinken

DAS POKALRITUAL

Pokale sind verzierte Trinkgefäße mit zwei oder mehr Henkeln, die gelegentlich als Preise oder in Erinnerung an bestimmte Ereignisse verliehen werden. Traditionell waren Pokale mit Wein, Bier, Champagner oder Ähnlichem gefüllt und wurden in einer Gruppe herumgereicht, damit jeder davon trinken konnte. Es gibt eine Reihe von historischen Ritualen, die bestimmen, wie ein Pokal von einer Person zur anderen gereicht wird. Angeblich gehen sie zurück auf die heimtückische Ermordung König Edwards des Märtyrers (um 962–978), der auf Corfe Castle erdolcht wurde, als er aus einem Abschiedsbecher trank. Um zukünftig Angriffe dieser Art zu verhindern, stehen seither der rechte und der linke Nachbar des Trinkenden jeweils Wache, wie unten illustriert wird. B blickt dabei A an; C hält den Pokal in Händen; D blickt E an:

A	B	C	D	E	F
sitzt	<—	trinkt	—>	sitzt	sitzt

Angenommen, C hat gerade aus dem Pokal getrunken,
dann geht es wie folgt weiter:
B wendet sich C zu; C verbeugt sich vor B,
der sich seinerseits verbeugt und hinsetzt.
D wendet sich C zu; C verbeugt sich vor D,
der die Verbeugung erwidert.
D übernimmt den Pokal von C.
C verbeugt sich dann vor D, der die Verbeugung erwidert.
C wendet sich B zu und blickt ihn an.
D wendet sich E zu, der sich erhebt und vor D verbeugt.
D erwidert E's Verbeugung; E wendet sich F zu und blickt ihn an.
D blickt nach vorn, trinkt aus dem Pokal und wischt den Rand ab.
Der Tisch sieht also nun folgendermaßen aus:

A	B	C	D	E	F
sitzt	sitzt	<—	trinkt	—>	sitzt

Diese ausgeklügelte Prozedur wird so oft durchlaufen, bis der Pokal ein Mal um den Tisch herumgewandert ist. Wer aus irgendeinem Grund nicht aus dem Pokal zu trinken wünscht, kann dem Ritual folgen, ohne tatsächlich am Pokal zu nippen.

FRANZÖSISCHE REIFEZEITEN

Oeuf d'une heure; pain d'un jour; vin d'un an
Eier von heute, Brot von gestern und vorjähriger Wein am besten gedeihn.

QUALITÄTSGRADE VON TEE

Um Tee qualitativ zu unterscheiden, gibt es eine Reihe von Klassifikationssystemen – allein für Grünen Tee existieren drei verschiedene: eines für japanischen Grünen Tee und zwei für chinesischen Grünen Tee (Inland und Export). Die traditionelle, aus Indien stammende Gradierung zieht sowohl Qualität als auch Aussehen und Blattgröße in Betracht. Die folgende Skala enthält die Sortierungsgrade und entsprechenden Kürzel von Blatt-Tees (für Broken-Tees, Fannings und Dust gelten andere Bezeichnungen):

SFTGFOP	Special Finest Tippy Golden Flowery Orange Pekoe
FTGFOP	Finest Tippy Golden Flowery Orange Pekoe
TGFOP	Tippy Golden Flowery Orange Pekoe
GFOP	Golden Flowery Orange Pekoe
FOP	Flowery Orange Pekoe
OP	Orange Pekoe
FP	Flowery Pekoe
P	Pekoe
PS	Pekoe Souchong

CHAMPAGNERGLASPYRAMIDE

Das optimale Verhältnis, eine Champagnerglaspyramide anzuordnen:

```
            1
          ⊤ 4 ⊤
        ⊤ ⊤ 10 ⊤ ⊤
      ⊤ ⊤ ⊤ 30 ⊤ ⊤ ⊤
    ⊤ ⊤ ⊤ ⊤ 60 ⊤ ⊤ ⊤ ⊤
```

HOMER SIMPSONS „Mmms..."

Hier einiges, was Homer Simpson schon zu einem verzückten „Mmm..." veranlasst hat:

Mmm	Donuts
Mmm	Geld
Mmm... das Land der Schokolade
Mmm	durchsichtige Cola
Mmm	Schleim (gratis!)
Mmm	bowlingfrisch!
Mmm	Karamell
Mmm ... organisiertes Verbrechen
Mmm	pipifaxfrisch!
Mmm	rohe Fischstäbchen
Mmm... „Maca-ma-damia"-Nüsse
Mmm	elefantenfrisch!
Mmm	Schweinefett
Mmm	langes Chiliwürstchen

13 ZU TISCH

In vielen Kulturen gilt die Anwesenheit von 13 Personen an einem Tisch als unheilvoll. Zum Teil hat dies sicherlich mit dem generellen Aberglauben bezüglich der Zahl 13 zu tun. Dennoch ist unbestritten, dass ein Essen zu dreizehnt besondere Besorgnis hervorruft. In Frankreich buchte man deshalb gewöhnlich einen zusätzlichen, bezahlten Essensgast (oder *quartorzienne*), um den 14. Platz zu besetzen. Im Savoy Hotel in London nimmt eine hölzerne Katze namens Kaspar (geschnitzt von Basil Ionides im Jahr 1926) ihren Platz ein, sobald sich eine Gesellschaft von 13 Gästen zum Essen einfindet. Die wohl offensichtlichste Quelle all dieser Bedenken ist gewiss das Letzte Abendmahl, bei dem Jesus mit den 12 Aposteln das Brot brach, ehe man ihn tags darauf kreuzigte. Auch in der altnordischen Mythologie wurde die Zahl 13 aufgrund der tragischen Ereignisse rund um ein Festmahl im Götterhimmel Walhalla zur Unglückszahl. Nachdem Baldur durch eine List des verschlagenen Loki ums Leben kam, wurde der Mörder zum unliebsamen 13. Gast.

FRÜHSTÜCK

WINSTON CHURCHILL · Meine Frau und ich haben versucht, zusammen zu frühstücken, aber wir mussten damit aufhören, weil anderenfalls unsere Ehe daran zerbrochen wäre.

SOMERSET MAUGHAM · Um in England gut essen zu können, sollte man drei Mal täglich frühstücken.

OSCAR WILDE · Nur die ganz Stumpfsinnigen sind beim Frühstück schon geistreich.

KONRAD LORENZ · Die beste Morgengymnastik für einen Forscher ist es, jeden Tag vor dem Frühstück eine Lieblingshypothese über Bord zu werfen.

TRADITIONELL · Auf einen guten Schlaf gehört ein gutes Frühstück.

FRANCIS BACON · Hoffnung ist ein gutes Frühstück, aber ein schlechtes Abendbrot.

MARLENE DIETRICH · Wenn eine Frau ihrem Mann vergeben hat, sollte sie seine Sünden nicht zum Frühstück aufwärmen.

LEWIS CARROLL · Ich habe in jungen Jahren teilweise bis zu sechs unmögliche Dinge schon vor dem Frühstück geglaubt.

HEINRICH SPOERL · Frühstück ist die schönste aller Mahlzeiten. Man ist ausgeruht und jung, hat sich noch nicht geärgert und ist voll neuer Hoffnungen und Pläne.

KONSALIK · Mit dem Schreiben beginne ich morgens um neun, ohne Frühstück, denn Essen macht faul.

LÖFFEL UND TASSEN

Ein gestrichener Teelöffel (TL) entspricht in etwa 5 g/ml, ein Esslöffel (EL) hingegen 15 g/ml. 3 TL ergeben daher 1 EL und 8 EL sind 1 Tasse. Hier einige typische Beispiele für diese drei in jedem Kochbuch vorkommenden Richtmaße:

Maß	*g/ml*
1 TL Backpulver	3
1 TL Honig	4
1 TL Paprika	2
1 TL Salz	5
1 TL Senf	7
1 TL Speisestärke	3
1 TL Vanilleextrakt	3
1 TL Zimt	2
1 EL Butter o. Margarine	15
1 EL Grieß	12
1 EL Kakao	6
1 EL geriebene Nüsse	8
1 EL Milch	15
1 EL Öl	12
1 EL Sahne	15
1 EL Semmelbrösel	10
1 EL Wasser	15
1 EL Weißwein	15
1 EL Zucker	15
1 Tasse Grieß	150
1 Tasse Haferflocken	75
1 Tasse Mehl	100
1 Tasse Reis, ungekocht	80
1 Tasse Rosinen	125
1 Tasse Zucker	150
1 Tasse Zucker, braun	250

ESSEN & TRINKEN LEBENSLÄNGLICH

Jeder Mensch verbringt einen beträchtlichen Teil seines Lebens mit Essen und Trinken. Bei einem Lebensalter von rund 70 Jahren ergeben sich, grob gerechnet, folgende beeindruckende Daten:

Mahlzeiten: 105 120 · Getränke: 50 000 l · Feste Nahrung: 30 000 kg

Zeit, die man mit Essen verbringt: 6 Jahre
Zeit, die man mit Essen u. Kochen verbringt: 10 Jahre

CHURCHILLS GOLDENE REGEL

Als er feststellte, dass sein Tischnachbar, der arabische Staatsmann Ibn Saud, den Genuss von Tabak oder Alkohol aus religiösen Gründen strikt ablehnte, entgegnete Winston Churchill entschieden:

Ich möchte noch einmal hervorheben, dass mir die goldene Regel meines Lebens quasi als heilige Pflicht vorschreibt, Zigarren zu rauchen und Alkohol zu trinken – und zwar vor, nach und, wenn es sein muss, auch während den Mahlzeiten und in der Zeit dazwischen.

Schotts Sammelsurium Essen & Trinken

―――――――――― SPAGHETTI (M)ESSEN ――――――――――

Das folgende Diagramm enthält eine ungefähre Angabe der Menge an Spaghetti, die je nach Personenzahl für eine Mahlzeit benötigt wird. Einfach die Spaghetti (hochkant) auf der Buchseite platzieren und dem jeweiligen Kreis entsprechend dosieren. Die Mengen basieren auf einer Portion von 110 g Spaghetti pro Person.

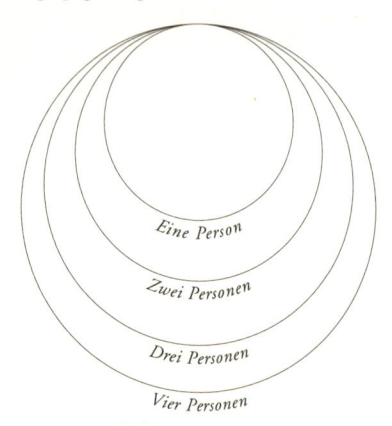

Eine Person
Zwei Personen
Drei Personen
Vier Personen

―――― EINIGE KULINARISCHE SCHUTZHEILIGE ――――

Schnapsbrenner ...... hl. Nikolaus
Bienenzüchter ...... hl. Ambrosius
Köche .. hl. Martha, hl. Laurentius
Zuckerbäcker .... hl. Matthias
Zahnärzte .... hl. Apollonia
Fischer .... hl. Andreas

Gemüsegärtner ...... hl. Werenfrid
Gastwirte .... hl. Julianus
Winzer .... hl. Urban
Obsthändler .... hl. Leonhard
Barkeeper .... hl. Bernhard
Käser .... hl. Uguzo von Cavargna

―――― SCHIMMLIGES BROT & KEUCHHUSTEN ――――

Schimmliges Brot galt im 19. Jahrhundert in einigen Gegenden Englands als probates Hausmittel gegen Keuchhusten. Dazu wickelte man ein Stück Brot in Tuch, vergrub es einige Tage im Garten und gab es dann dem Kranken zu essen. Der Keuchhusten soll auf diese Weise tatsächlich erfolgreich bekämpft worden sein – vorausgesetzt, der Patient starb nicht zuvor an einer akuten Lebensmittelvergiftung. Einige Forscher vermuten, es habe sich dabei womöglich um eine Vorform des Penizillins gehandelt.

Schotts Sammelsurium Essen & Trinken

DACH, DRV & ALKOHOL

Im Jahr 2000 gab die Deutsche Gesellschaft für Ernährung (DGE) zusammen mit ihren österreichischen und schweizerischen Partnerorganisationen neue Referenzwerte für die empfohlene Nährstoffzufuhr heraus. Die so genannten DACH-Referenzwerte (das Akronym steht für die international üblichen Länderkennzeichen der beteiligten Fachorganisationen) lösten die alten DGE-Empfehlungen von 1991 ab. Nach dem Vorbild der britischen DRV-Werte *(Dietary Reference Values)* enthalten sie die tägliche Menge an Proteinen, Fetten, Kohlenhydraten, Vitaminen, Mineralstoffen, Spurenelementen und Nährstofffasern, die „die Gesundheit eines Menschen erhalten und fördern sowie die lebenswichtigen physischen und psychischen Funktionen sicherstellen". Erstmals wurde in der Studie auch ein Richtwert für Alkohol benannt. Männer sollten demnach nicht mehr als 20 g und Frauen nicht mehr als 10 g Alkohol pro Tag zu sich nehmen. Diese Menge gilt als gesundheitlich verträglich und zieht darüber hinaus die präventive Wirkung von Alkohol im Hinblick auf das Risiko eines Herzinfarktes in Betracht.

DIE FÜNF GESCHMACKSRICHTUNGEN

SALZIG · SÜSS · SAUER · BITTER · UMAMI[†]

[†] Umami (japanisch: „guter Geschmack") wurde erstmals 1908 vom japanischen Chemiker Kikunae Ikeda beschrieben und bezeichnet einen „würzigen" oder „fleischigen" Geschmack, der u. a. von Sojasoße, speziell aber von Speisen hervorgerufen wird, die Glutamatverbindungen wie Monosodium-Glutamat (MSG) enthalten.

SPRICHWÖRTLICHES WASSER

Wer sich *alle Wasser auf seine Mühle leitet*, trägt naturgemäß auch *Wasser auf beiden Schultern*. Wer *mit allen Wassern gewaschen ist*, geht durch *Feuer und Wasser*. Vom *reinsten Wasser* sind die, die *kein Wässerchen trüben* können, aber auch *stille Wasser sind tief*. Da wird auch nur *mit Wasser gekocht*, denken jene, die *Wasser predigen und Wein trinken*. Ein *Schlag ins Wasser* ist es, wenn einem das *Wasser im Munde zusammenläuft*, man dann aber feststellt, dass noch viel *Wasser den Berg hinunterfließen* muss, bis es endlich was zu essen gibt – und dann sitzt man wahrscheinlich bei *Wasser und Brot*. Denen kann man *nicht das Wasser reichen*, denn *Blut ist ja immer noch dicker als Wasser*, und man will ja schließlich nicht das *Kind mit dem Badewasser ausschütten*. Weil *Wasser keine Balken* hat, sollte man einfach mal ins *kalte Wasser springen*, und wenn man Glück hat, schwimmt man wie ein *Fisch im Wasser*. Irgendwann ist dann alles *wasserfest*, und man muss endlich nicht mehr den *Wasserträger* spielen.

Schotts Sammelsurium Essen & Trinken

—ZÖLIAKIE & GLUTEN-UNVERTRÄGLICHKEIT—

Zöliakie ist eine chronische Krankheit, bei der die innere Dünndarmwand durch das Klebereiweiß Gluten (das in Weizen, Roggen, Gerste und Hafer vorkommt) geschädigt wird. Die Nahrungsverdauung und -aufnahme ist somit gestört. Die Ursache der Zöliakie ist zwar nach wie vor ungeklärt, man vermutet jedoch einen Zusammenhang mit dem Immunsystem. Etwa einer von 300 Menschen dürfte von der Krankheit betroffen sein, zu deren Symptomen Durchfall, Gewichtsverlust, Lethargie, Anämie und Depression zählen. Meist ist eine strikt glutenfreie Diät die einzige Behandlungsmöglichkeit. Diese ist allerdings schwierig umzusetzen, da Gluten in vielen Nahrungsmitteln enthalten sein kann, so zum Beispiel in Brot, Kuchen, Keksen und Nudeln. Außerdem sind die Betroffenen angehalten, sich über die jeweiligen Bestandteile von Fertignahrung, Gewürzen und sogar einigen Medikamenten zu informieren.

——EINIGE SCHLÜSSELGERICHTE AUF——
LEINWAND & BÜHNE

Aal	*Die Blechtrommel*, Volker Schlöndorff
Apfelstrudel	*Die Vier Jahreszeiten*, Arnold Wesker
Borschtsch	*Panzerkreuzer Potemkin*, Sergej Eisenstein
Brathähnchen (vier)	*Die Blues Brothers*, John Landis
Butter	*Der letzte Tango in Paris*, Bernardo Bertolucci
Frühstück	*Juno und der Pfau*, Sean O'Casey
Gurkensandwichs	*Ernst sein ist alles*, Oscar Wilde
Haferbrei	*Der Jude von Malta*, Christopher Marlowe
Hamburger (¼-Pfünder mit Käse)	*Pulp Fiction*, Quentin Tarantino
Kartoffelsalat	*Die erwachsene Tochter eines jungen Mannes*, Viktor Slavkin
Leber	*Brooklyn Memoiren*, Neil Simon
Mandelcreme	*Die Glasmenagerie*, Tennessee Williams
Meeresfrüchte	*Vatel*, Roland Joffé
Nudeln	*Tampopo*, Juzo Itami
Ölsardinen	*Der nackte Wahnsinn*, Michael Frayn
Pfefferminzblättchen	*Der Sinn des Lebens*, Monty Python
Ragout	*Samstag, Sonntag, Montag*, Eduardo de Filippo
Rührei	*Falscher Frieden*, David Hare
Schinken	*Jamón Jamón*, J. J. Bigas Luna
Schnecken	*Pretty Woman*, Garry Marshall
Schokolade	*Chocolat*, Lasse Hallström
Schweinefleisch	*Magere Zeiten*, Malcolm Mowbray
Sodabrot	*Leben ein Tanz*, Brian Friel
Spaghetti	*Skylight*, David Hare
Wachtel mit Trüffeln	*Babettes Fest*, Gabriel Axel

WANN MAN CHAMPAGNER TRINKEN SOLLTE

Ich trinke Champagner, wenn ich glücklich bin und wenn ich traurig bin.
Manchmal trinke ich davon, wenn ich allein bin.
In Gesellschaft geht es gar nicht ohne.
Wenn ich keinen Hunger habe, mache ich mir mit ihm Appetit,
und wenn ich hungrig bin, lasse ich ihn mir schmecken.
Sonst aber rühre ich ihn nicht an – außer, wenn ich Durst habe.

— MADAME LILLY BOLLINGER [zugeschrieben]

GHEE

Ghee ist das traditionelle Kochfett der indischen Küche. Hergestellt wird es, indem man Butter – bei konstantem Umrühren – erhitzt, bis das meiste Wasser verdunstet ist und eine geschmacksintensive Flüssigkeit zurückbleibt. Man lässt das Ghee etwas abkühlen, bevor man es durch Musselin siebt, um Ablagerungen zu entfernen. Das Ghee von Büffeln ist cremefarben, wohingegen das Ghee von Kühen goldgelb ist – „wie Bernstein", sagte der Dichter Annaji. Ghee steht im Ruf, kräftigend zu wirken und Geist und Verstand zu stärken. Buddha attestierte Ghee, eines der Nahrungsmittel mit „Seelenqualitäten" zu sein. Dank seines intensiven, ungesalzenen Geschmacks und seines hohen Rauchpunkts eignet sich Ghee besonders gut zum Kochen.

Ghee, das zwischen 10 und 100 Jahren gelagert wird,
nennt man *kumbhaghrta*.
Ghee, das über 100 Jahre gelagert wird,
nennt man *mahaghrta*.
[Beiden schreibt man eine heilende Wirkung zu.]

TYPISCHE ZUSAMMENSETZUNG VON CURRYPULVER

Basiszutat	Prozentbereich
Koriander	10–50
Kreuzkümmel	5–20
Kurkuma	10–35
Bockshornklee	5–20
Ingwer	5–20
Sellerie	0–15
Schwarzer Pfeffer	0–10
Zimt	0–5
Muskat	0–5
Gewürznelke	0–5
Kümmel	0–5
Fenchel	0–5
Kardamom	0–5
Salz	0–10

(Tainter & Grenis, *Spices & Seasonings*, 1993)

ALKOHOL UND ENERGIE

Getränk (pro 100 ml)	Energiegehalt (kcal)	Alkoholanteil (vol. %)
Rotwein, leicht	65	8,0
Rotwein, schwer	78	9,5
Sekt	84	9,0
Vollbier, hell	39	3,5–5,5
Weinbrand	240	33,0
Weißwein	70	8,5

EINIGE AUSTRALISCHE BIERGLASGRÖSSEN

Northern Territory
Handle (300 ml)
Schooner (450 ml)

Queensland
Pot (300 ml)
Schooner (450 ml)
Jug (1200 ml)

Western Australia
Glass (210 ml)
Middie (300 ml)
Pint (600 ml)

New South Wales
Middie (300 ml)
Schooner (450 ml)

South Australia
Butcher (210 ml)
Schooner (300 ml)
Pint (450 ml)

Victoria
Glass (210 ml)
Pot (300 ml)

Tasmanien
Six (180 ml)
Eight (240 ml)
Ten (300 ml)
Pint (600 ml)

(Bierglasgrößen und -bezeichnungen können regional durchaus variieren.)

IRISCHES CHAMP

„Champ" ist ein traditionelles nordirisches Gericht aus dickem, sahnigem Kartoffelpüree, das mit gehackten Frühlingszwiebeln verfeinert und mit geschmolzener Butter serviert wird.

EINIGE ZITATE ÜBERS RAUCHEN

RUDYARD KIPLING · Eine Frau ist nur eine Frau, aber eine gute Zigarre kann man rauchen.

COLETTE · Wenn eine Frau die Vorlieben eines Mannes einschließlich seiner Zigarren kennt, und er weiß, was Frauen lieben, sind beide füreinander gerüstet.

SHERLOCK HOLMES · Dies ist durchaus ein Drei-Pfeifen-Problem ...

WILHELM BUSCH · So geht es mit Tabak und Rum – erst bist du froh, dann fällst du um.

WINSTON CHURCHILL · Ein leidenschaftlicher Raucher, der immer von der Gefahr des Rauchens für die Gesundheit liest, hört in den meisten Fällen auf – zu lesen.

SIGMUND FREUD · Ich meine, dass ich der Zigarre eine große Steigerung meiner Arbeitsfähigkeit und eine Erleichterung meiner Selbstbeherrschung zu danken habe.

CLEMENT FREUD · Wenn man dem Rauchen, dem Trinken und dem Sex abschwört, lebt man nicht länger – es kommt einem nur länger vor.

CHÉ GUEVARA · Das Rauchen ist ein gewohnheitsmäßiger und überaus wichtiger Teil des Lebens eines Freiheitskämpfers ..., denn der Rauch, den er in Augenblicken der Entspannung ausstößt, ist dem einsamen Soldaten jederzeit ein treuer Kamerad.

OSCAR WILDE · Die Zigarette ist das vollendete Urbild des Genusses: Sie ist köstlich und lässt uns unbefriedigt.

VICTOR MARIE HUGO · Zigarren verwandeln Gedanken in Träume.

MARK TWAIN · Es gibt nichts Leichteres, als mit dem Rauchen aufzuhören. Ich selbst habe es schon 137-mal geschafft.

MOLIÈRE · Wer ohne Tabak lebt, ist nicht würdig zu leben.

ESSEN & ALTER

Im *Li-Chi* (500–100 v. Chr.), den Etikettenvorschriften aus dem alten China, findet man eine Anweisung, ab welchem Alter man wann welche Speisen essen darf:

Mit 50 darf man außergewöhnliche Kornspeisen essen.
Mit 60 darf man auch vor der Nachtruhe noch Fleisch essen.
Mit 70 darf man doppelte Rationen zu sich nehmen.
Mit 80 darf man andauernd Köstlichkeiten verzehren.
Mit 90 darf man auch im Schlafgemach speisen.

BRILLAT-SAVARINS GEBOTE DER TAFELFREUDEN

„Aber, ruft mir vielleicht der ungeduldige Leser zu, wie soll denn ... ein Mahl beschaffen sein, das alle Bedingungen vereinigt, welche das Tafelvergnügen im höchsten Grade gewähren?"

Die Zahl der Gäste soll zwölf nicht überschreiten, damit die Unterhaltung stets allgemein sein könne.

Die Gäste sollen so gewählt sein, dass ihre Beschäftigung zwar verschieden, ihr Geschmack dagegen ähnlich sei, und sie sollten Berührungspunkte genug haben, damit man der unleidlichen Formalitäten des Vorstellens überhoben sei.

Der Speisesaal soll splendid erleuchtet, das Tischzeug außerordentlich rein und die Luft des Zimmers zwischen 13–16 Grad Reaumur (16–20 °C) erwärmt sein.

Die Männer sollen witzig ohne Anmaßung, die Frauen liebenswürdig ohne allzu viel Koketterie sein.

Die Speisen sollen ausgezeichnet gewählt, aber nur wenig zahlreich sein und die Weine, jeder in seiner Art, von vorzüglichster Qualität.

Die Reihenfolge der Speisen soll von den kräftigen zu den leichten fortschreiten, diejenige der Weine von den leichten süffigen zu den schweren Sorten.

Die Verzehrung soll mäßig voranschreiten, da das Nachtessen die letzte Tagesbeschäftigung ist; die Gäste sollen zusammenhalten, wie Reisende, die zugleich an dem selben Ziel ankommen wollen.

Der Kaffee muss kochend und die Liköre müssen ganz besonders fein gewählt sein.

Der Salon, in dem die Gäste nach dem Essen weilen, soll groß genug sein, um eine Spielpartie für diejenigen zu organisieren, die es nicht lassen können, und doch Raum für die Gespräche nach Tisch gewähren.

Die Gäste sollen durch die Annehmlichkeit der Gesellschaft zurückgehalten und durch die Hoffnung belebt werden, dass der Abend nicht ohne weitere Vergnügungen vorübergehen werde.

Der Tee soll nicht zu stark sein, die Butterschnitten reichlich fett und der Punsch sehr sorgfältig angemacht.

Vor elf soll man nicht weggehen, aber um Mitternacht jeder im Bette sein können.

Wer bei einer Mahlzeit war, die all diese Bedingungen vereinigte, kann sich rühmen, seiner eigenen Apotheose beigewohnt zu haben.

Aus: Jean-Anthelme Brillat-Savarin, *Die Physiologie des Geschmacks*, 1825

Schotts Sammelsurium Essen & Trinken

DER BODY-MASS-INDEX

Der Body-Mass-Index (BMI) steht für ein gesundes Verhältnis von Körpergewicht und -größe. Er berechnet sich aus dem Körpergewicht (kg) dividiert durch das Quadrat der Körpergröße (m²). Obige Tabelle liefert erste Hinweise für den jeweiligen BMI bei Erwachsenen: ⊕ = Untergewicht (BMI<18,5) · ○ = Normal (BMI=18,5–24,9) · ⊙ = Übergewicht (BMI=25–29,9) · ◉ = Fettleibigkeit (BMI>30)

SANSKRIT-KÜCHE

Es heißt, die klassische Sanskrit-Literatur unterscheide acht verschiedene Kochmethoden:

thalanam	trocknen
kvathanam	ankochen
pachanam	mit Wasser kochen
svedanam oder *svinnabhakshya*	dünsten
apakva	braten
bharjanam	trocken rösten
thanduram	grillen
putapaka	backen

TRINKWASSERSTANDARDS DER WHO

Maximal zulässige Konzentration (mg/l)

Chloride	60
Sulfate	400
Kalzium	200
Magnesium	150
Gelöste Feststoffe	1500

FLUGREISEN & TOMATENSAFT

Ob es sich beim weit verbreiteten Konsum von Tomatensaft auf Flugreisen um ein physisches Bedürfnis oder um pure Gewohnheit handelt, zählt wohl zu den letzten großen Mysterien unserer sonst so aufgeklärten Welt. Unstrittig ist lediglich, dass bereits kurz nach dem Start ein unerklärlich großer Anteil der Passagiere das pikante Getränk bestellt. Statistiken zufolge findet rund 3 Prozent des deutschen Tomatensaftkonsums in der Luft statt, wohingegen der Wert bei Orangensaft nur 0,4 Prozent beträgt. Mögliche Erklärungen reichen von der einfachen soziologischen Dominotheorie bis zu komplexen biochemischen Prozessen. Anscheinend pflanzt sich das Tomatensaft-Bestellen virulent in der Kabine fort, sobald ein Fluggast den Saft verlangt. Ernährungsexperten hingegen führen an, dass die Luft in der Höhe mehr aggressive oxidative Substanzen, so genannte freie Radikale, enthält, gegen die der in Tomaten enthaltene Stoff Lycopin den Körper schützt. Auch mindere der Unterdruck in der Kabine das Geschmacksempfinden, womit möglicherweise der Wunsch nach einem mit Pfeffer und Salz gewürzten Tomatensaft erklärt werden könne. Dass es bei Flügen von und nach Düsseldorf zu besonders eklatantem Tomatensaftkonsum kommt, lässt sich allerdings mit keinem dieser Ansätze hinreichend erklären. Wie dem auch sei, als die Lufthansa das Getränk 1993 von der Speisekarte strich, war die allgemeine Empörung so groß, dass die Fluggesellschaft kurze Zeit später einlenkte – und wieder Tomatensaft servierte.

KOFFEINHALTIGE GETRÄNKE

Getränk	Koffein (mg)
Filterkaffee (125 ml)	80–120
Löslicher Kaffee (125 ml)	50–80
Espresso (50 ml)	50
Entkoffeinierter Kaffee (125 ml)	1–4
Tee (125 ml)	30–60
Cola (200 ml)	20–50
Koffeinfreie Cola	minimal
Heiße Schokolade (125 ml)	2–5
Vollmilchschokolade (100 g)	15
Zartbitterschokolade (100 g)	75
Schmerztablette	30–100

AMBIGU

Ambigu ist ein alter französischer Ausdruck für ein Menü (etwa auf einem Ball), bei dem alle Gerichte (warme, kalte und Nachspeisen) gleichzeitig aufgetragen werden.

KAPITÄN NEMOS SPEISEKAMMER

Im folgenden Auszug aus Jules Vernes *20 000 Meilen unter den Meeren* antwortet Kapitän Nemo auf Professor Aronnax' Fragen zum Essen an Bord der *Nautilus*:

„Niemals kommt Fleisch von Landtieren auf meinen Tisch."
„Dieses da ist aber doch –"
„Nichts als eine Meerschildkröte. Daneben steht Delphinleber, die Sie glatt für Schweineragout halten würden. Mein Koch versteht sich auf solche Effekte. Kosten Sie von allem, Professor. Das hier sind eingemachte Seegurken, die ein Malaie für das beste Gericht der Welt halten würde. Daneben die Sahne, die ist aus Seesäugermilch; den Zucker entnehme ich dem Seetang des Nordmeeres, und zum Dessert probieren Sie mal von dem Seeanemonenkonfekt, und sagen Sie mir, ob Sie nicht das beste Obst stehen lassen würden!"

Ich nahm, mehr aus Neugier als aus Esslust, von allem, während der Kapitän mit seinen unglaublichen Berichten fortfuhr.

GEWÜRZE, FÜNF UND VIER

VIER-GEWÜRZ	FÜNF-GEWÜRZ
Gemahlener Pfeffer	Sternanis
Muskatnuss	Nelke
Nelken	Fenchel
Ingwer	Zimt
(gelegentlich Zimt)	Sichuan-Pfeffer

EINIGE BERÜHMTE ÄPFEL

❦ In den *Geschichten aus 1001 Nacht* wird von PRINZ ACHMEDS APFEL erzählt, der in Samarkand erstanden wurde und Wunderkräfte besaß. ❦ Die nordische Mythologie berichtet von den GOLDENEN ÄPFELN IDUNAS (der Frau Bragis, des Gottes der Dichtung), die den Göttern ewige Jugend verliehen. ❦ TURINGS APFEL bezieht sich auf den britischen Mathematiker Alan M. Turing (1912–1954), einen der Väter des Computers, der entscheidend zur Entschlüsselung des Enigma-Codes beitrug. Wegen Homosexualität angeklagt und verurteilt, beging Turing Selbstmord, indem er offenbar einen mit Zyanid vergifteten Apfel aß. Apple-Macintosh-Computer, so heißt es gelegentlich, hätten ihren Namen Turing zu Ehren bekommen. ❦ Nachdem die böse Königin sie dazu verführt hat, einen vergifteten Apfel zu essen, fällt SCHNEEWITTCHEN in einen tiefen Schlaf, aus dem sie erst durch den Kuss eines schönen Prinzen erweckt wird. ❦ ISAAC NEWTON wird nachgesagt, er habe das Gesetz der Schwerkraft anhand eines zu Boden fallenden Apfels entdeckt. Der entsprechende Apfelbaum stand in Woolsthorpe Manor, unweit von Grantham, Lincolnshire, und bei dem fraglichen Fallobst soll es sich um einen birnenförmigen Kochapfel der Sorte *Flower of Kent* gehandelt haben. ❦ Der ADAMSAPFEL [Prominentia laryngea] ist der hervorstehende Schildknorpel [Cartilago thyroidea], der den Kehlkopf [Larynx] am oberen Ende der Luftröhre [Trachea] umgibt. Vermeintlich bezieht sich der Name auf die verbotene Frucht, die dem biblischen Adam buchstäblich im Halse stecken blieb. ❦ Die HESPERIDEN waren Töchter des Atlas, die in einem sagenumwobenen Garten im äußersten Westen lebten. Mit Hilfe der hundertköpfigen Schlange Ladon hüteten sie dort die goldenen Früchte eines Apfelbaums – einst das Hochzeitsgeschenk Gaias an Hera. Eine der zwölf Arbeiten des Herakles war es, die Äpfel zu stehlen, so dass Athene sie später wieder zurückbringen musste. ❦ Einer der wenigen legendären Bogenschützen, WILHELM TELL (um 1250), war ein Schweizer Freiheitskämpfer aus dem Urner Dorf Bürglen, der gegen die österreichische Besatzung aufbegehrte. Der Sage nach zwang ihn der habsburgische Landvogt Geßler, aus einer Entfernung von 80 Schritt einen Apfel vom Kopf seines eigenen Sohnes zu schießen. Tell gelang das Kunststück, und er rächte sich später, indem er Geßler auflauerte und tötete. ❦ Den ZANKAPFEL (mit der Aufschrift „der Schönsten!") warf Eris, die Göttin der Zwietracht, unter die Gäste der Hochzeit von Thetis und Peleus. Sowohl Hera (Juno) als auch Athene (Minerva) und Aphrodite (Venus) forderten Apfel und Titel für sich, so dass der trojanische Königssohn Paris dazu bestimmt wurde, zu entscheiden, welche von den dreien des Apfels würdig ist (daher das „Parisurteil"). Paris wählte Aphrodite, die ihm dafür die Hand der schönen Helena versprach, was schließlich zum Untergang Trojas führte.

Schotts Sammelsurium Essen & Trinken

EU-EIERKENNZEICHNUNG

Seit dem 1. Januar 2004 gelten folgende EU-Kennzeichnungsvorschriften für Eier:

Auf der Verpackung:

1. Güteklasse (Klasse A, B)
2. Haltungsform (z. B. „Eier aus Bodenhaltung")
3. Gewichtsklasse (XL > 73 g; L = 63 g – 73 g; M = 53 g – 63 g; S < 53 g)

Auf dem Ei (Erzeugercode):

1. Haltungssystem:	2. Land	3. Betriebs-
0 ..Ökologische Erzeugung	AT= Österreich	bzw. Stall-
1 ....Freilandhaltung	BE = Belgien	nummer
2 ....Bodenhaltung	DE = Deutschland	
3 ....Käfighaltung	NL = Niederlande usw.	

Beispiel für einen Erzeugercode:

1 – DE – 1234567

1 = Haltungsform Freilandhaltung
DE = Deutschland
1234567 = Betriebsnummer bzw. Stallnummer

WEINKUNDE

Die Franzosen besitzen eine Reihe von alten Sprichwörtern, die Weine anhand der Wirkung klassifizieren, die sie auf den Trinkenden haben. Sie scheinen teilweise auf den Talmud zurückzugehen, auf die Parabel von Noahs Weinberg, in der Satan Noah dabei beobachtete, wie er Wein anbaute, und ihm seine Hilfe anbot. Satan schlachtete ein Lamm, einen Löwen, einen Affen und ein Schwein und goss ihr Blut auf die Rebe. Satans Botschaft lautete: Mit einem Glas Wein ist der Mensch sanft wie ein Lamm; mit zwei Gläsern Wein wird er zu einem stolzen Löwen; mit drei Gläsern wird er schnatterig und lästerlich wie ein Affe; und wenn er betrunken ist, wird der Mensch zum Schwein, das sich in der eigenen Schande suhlt. Möglicherweise spielte Chaucer auf diese Parabel oder eine ähnliche Geschichte an, als er in seiner *Erzählung des Verwalters* (aus den *Canterbury-Erzählungen*) schrieb:

So geht's, wenn Affenwein die Menschen zechen,
Danach treibt jedermann nur Kinderpossen.

pH-WERTE EINIGER NAHRUNGSMITTEL

Zitronen 2,3–2,6	Kartoffeln 5,4–5,8
Essig 2,4–2,8	Weißbrot 5,4–5,5
Wein 2,8–3,2	Fleisch 5,5–6,5
Apfel 3,0–3,3	Blumenkohl 5,6–5,7
Orange 3,2–3,8	Hartkäse 5,6–6,2
Pfirsich 3,4–3,6	Sardinen 6,2–6,4
Joghurt 4,0–4,5	Geflügel 6,4–6,6
Bier 4,1–4,3	Milch 6,5–6,7
Schwarzer Kaffee 5,0–5,1	[Speichel = 6,3–6,4 · Neutral = 7,0]

DAS OSLO-FRÜHSTÜCK

Das Oslo-Frühstück nannte sich ein Programm der norwegischen Regierung aus dem Jahr 1929, das die Gesundheit von Schulkindern verbessern sollte. Jeden Morgen erhielten sie die folgende kostenlose Mahlzeit:

½ Liter Milch · Vollkornbrot · Käse · ½ Orange · ½ Apfel
1 Löffel Lebertran (September–März)

FROSCHSCHENKEL

Für Froschschenkel gibt es eine ganze Reihe von Rezepten. Im Libanon werden Froschschenkel in mit Salz, Pfeffer und Knoblauch gewürztem Olivenöl eingelegt und während des Grillens regelmäßig mit dieser Marinade beträufelt. Ähnlich werden sie in Spanien zubereitet, nur dass dort zum Beträufeln Butter verwendet wird. Die meisten Menschen denken bei Froschschenkeln jedoch an Frankreich, wo zahlreiche Zubereitungsarten verbreitet sind. Zu den bekanntesten gehören:

Grenouilles à la Meunière · Die Schenkel werden gewürzt und in Butter gebraten, dann mit Zitronensaft, Petersilie und Butter garniert.

Grenouilles à la Provençale · Die Schenkel werden zunächst in Olivenöl angebraten, dann mit zerdrücktem Knoblauch, gehackter Petersilie, Salz und Pfeffer gewürzt.

Grenouilles à la Lyonnaise · Die Schenkel werden mit dünn geschnittenen Zwiebeln in heißer Butter angebräunt und mit einer Petersilie-Essig-Soße serviert.

Grenouilles à la Niçoise · Die Schenkel werden in Butter angebräunt und dann mit Tomate, Zwiebel, Knoblauch, Estragon und Piment sautiert.

HÖRNCHEN UND HALBMONDE

Einige behaupten, das Hörnchen (in Österreich „Kipfel") verdanke seine charakteristische Form der Belagerung Wiens durch die Türken. Nach der Rettung der Stadt im Jahr 1529 kam der Bäckermeister Peter Wendler auf die Idee, ein Festgebäck zu kreieren, dessen Form den türkischen Halbmond nachahmt (einige meinen hingegen, Wendler habe sich spielerisch auf den Krummsäbel bezogen), und dieses nach dem Halbmond, der damals den Stephansturm zierte, „Gipfel" (bzw. Kipfel) zu nennen. Wahrscheinlich ist das Wiener Gebäck allerdings um einiges älter. So wurde es bereits im Jahr 1227 bei einem Fest Leopolds des Glorreichen erwähnt. Damals berichtete der Wiener Dichter Johann Ennenkel:

Do prachten im die pechken	„Sodann brachten die Bäcker
Chiphen und weiße Flecken,	Kipfel und weißes Fladenbrot,
Weißer dan ein Hermelein,	Weißer als Hermelin,
Une sne der kund nit	Selbst der Schnee konnte
weißer sein	nicht weißer sein."

ULLAGE

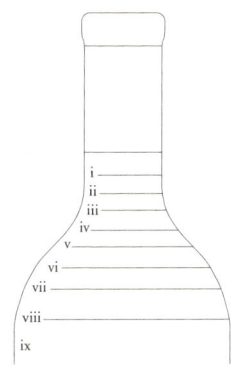

Ullage ist der Raum in einer Weinflasche, der nicht mit Wein gefüllt ist, bzw. der Schwund in einer länger gelagerten Flasche. Es gibt verschiedene Systeme, um Ullage-Pegel zu benennen. Eine gängige englische Nomenklatur lautet folgendermaßen:

i	into neck
ii	bottom-neck
iii	very top-shoulder
iv	top-shoulder
v	upper-shoulder
vi	mid-shoulder
vii	mid-low-shoulder
viii	low-shoulder
ix	below low-shoulder

Ullage nennt man in der englischen Seefahrersprache außerdem eine gänzlich unbrauchbare Besatzung. Als Ausdruck für Inkompetenz und Faulheit haben leere Flaschen auch in Deutschland eine gewisse Tradition: So bezeichnete der damalige Trainer des FC Bayern München, Giovanni Trappatoni, am 10. März 1998 in einer Pressekonferenz Teile seiner Mannschaft u. a. als „schwach wie eine Flasche leer".

MITTAGESSEN

ALDOUS HUXLEY · Der Zustand des Landes hat noch nie jemandem das Mittagessen verdorben.

FRIEDRICH NIETZSCHE · Auch dem Frömmsten ist sein tägliches Mittagessen wichtiger als das Abendmahl.

LORENZO DI COMO · Was wäre die Liebe ohne ein gutes Mittagessen?

RAYMOND SOKOLOV · Manhattan ist eine schmale Insel vor der Küste von New Jersey, deren Einwohner den ganzen Tag damit beschäftigt sind, nach einem guten Mittagessen zu suchen.

OSCAR WILDE · Es ist ein schlechter Trost zu wissen, dass jemand, der uns ein schlechtes Mittagessen serviert oder eine mindere Weinsorte aufgewartet hat, ein völlig einwandfreies Privatleben führt – auch Kardinaltugenden entschädigen nicht für eine kalte Suppe.

GERHARD MAYER-VORFELDER · Das Beste in München ist immer das Mittagessen. [nach einer Niederlage des VFB Stuttgart beim FC Bayern München]

GORDON GEKKO · Mittagessen? Sie machen wohl Witze. Nur Schlappschwänze essen zu Mittag. [aus Oliver Stones *Wall Street*]

KLEINE KAFFEEKUNDE

Cappuccino	*⅓ Espresso, ⅓ heiße Milch, ⅓ Milchschaum*
Caffé Latte	*doppelter Espresso mit heißer Milch aufgegossen*
Caffé Macchiato	*Espresso mit etwas heißer Milch und Milchschaum*
Latte Macchiato	*¼ Espresso, ½ heiße Milch, ¼ Milchschaum*
Caffé Americano	*⅓ Espresso, ⅔ heißes Wasser*
Caffé mocca	*⅓ Espresso, ⅓ Milch, ⅓ Kakao*
Cortado	*Espresso mit etwas heißer Milch (Spanien), in Portugal auch mit Kondensmilch*
Café au lait	*½ Kaffee, ½ heiße Milch, wenig Milchschaum*
Café frappé	*halb gefrorener Kaffee, zum Teil aromatisiert*

JAPANISCHE SCHNITTFORMEN FÜR GEMÜSE

mijin giri	feine Raspel		*hyoshi giri*	Stäbchen
sainomo giri	Würfel		*sen giri*	dünner Julienne-Schnitt
senmen giri	Gurkenfächer		*tanzaku giri*	dünne Rechtecke
sogi giri	langer Diagonalschnitt		*hangetsu giri*	Halbkreise
hana giri	Blütenblätter		*icho giri*	Viertelkreise

DAS EI DER WEISEN UND ANDERE MITTEL GEGEN GIFT

Das Ei der Weisen (auch *ovum philosophorum* oder „Ei der Philosophen") ist nach Ebenezer Cobham Brewer ein Wundermittel gegen die Pest und ein sicherer Schutz vor Giften aller Art. Es wird hergestellt, indem man die Schale eines Eies ansticht und den Inhalt ausbläst. Das Ei wird anschließend mit Safran oder mit einer Mischung aus Safran und Eigelb gefüllt. (In der Alchemie bezeichnet das Ei der Weisen ein eigentümlich gekrümmtes Gefäß aus Glas, mit dem man – vergeblich – versuchte, Gold herzustellen.) Hier noch einige weitere sagenumwobene Schutzmittel gegen Gift:

Aladins Ring	*schützt den Träger vor allem Bösen*
Opale	*leuchten in der Nähe von Gift auf*
Die Pforte des Gundoforus	*die niemand passieren kann, der Gift bei sich trägt*
Die Hörner eines Rhinozeros	*bringen Gift zum Sprudeln, wenn man es hineinschüttet*
Prinz Nurgehans Armreif	*dessen Edelsteine in der Nähe von Gift erbeben*
Venezianisches Glas	*zerspringt, wenn man Gift hineinschüttet*
Das Horn eines Einhorns	*lässt giftige Pflanzen verdorren*

[Siehe auch: Gefährliche Gerichte, S. 72; Bezoare, S. 116; Fugu, S. 138]

PARMENTIER

Antoine A. Parmentier (1737–1813) war ein französischer Agrarwissenschaftler, der einen unschätzbaren Beitrag zur Popularisierung der Kartoffel und zur Propagierung des Kartoffelanbaus leistete. In der Hoffnung, den König von den Vorzügen des Gemüses für die allgemeine Bevölkerung zu überzeugen, präsentierte Parmentier im Jahr 1785 die Kartoffel sogar am französischen Hof (wobei ihm die außergewöhnliche Ehre zuteil wurde, Marie Antoinettes Hand zu küssen). Gerichte, die Kartoffeln enthalten, werden in Frankreich deshalb häufig mit dem Zusatz *Parmentier* versehen.

EIER DREHEN

Wie man gekochte von rohen Eiern unterscheiden kann:

Ei auf eine glatte Oberfläche legen und durch Drehung in Rotation versetzen. Ist es gekocht, rotiert es schnell und gleichmäßig. Ist das Ei roh, dreht es sich nur langsam und unregelmäßig, da die flüssige Eimasse kaum Rotationsenergie aufnehmen kann.

BIBLISCHE SPEISEGRÄUEL

Auszüge aus dem Dritten Buch Mose (Levitikus), Kapitel 11, nach Luther:

1 Und der HERR redete mit Mose und Aaron und sprach zu ihnen:
2 Redet mit den Israeliten und sprecht: Dies sind die Tiere, die ihr essen dürft unter allen Tieren auf dem Lande.
3 Alles, was gespaltene Klauen hat, ganz durchgespalten, und wiederkäut unter den Tieren, das dürft ihr essen.
4 Nur diese dürft ihr nicht essen von dem, was wiederkäut und gespaltene Klauen hat: das Kamel, denn es ist zwar ein Wiederkäuer, hat aber keine durchgespaltenen Klauen, darum soll es euch unrein sein;
5 den Klippdachs, denn er ist zwar ein Wiederkäuer, hat aber keine durchgespaltenen Klauen; darum soll er euch unrein sein;
6 den Hasen, denn er ist auch ein Wiederkäuer, hat aber keine durchgespaltenen Klauen; darum soll er euch unrein sein;
7 Schwein, denn es hat wohl durchgespaltene Klauen, ist aber kein Wiederkäuer; darum soll es euch unrein sein.
8 Vom Fleisch dieser Tiere dürft ihr weder essen noch ihr Aas anrühren; denn sie sind euch unrein.
9 Dies dürft ihr essen von dem, was im Wasser lebt: alles, was Flossen und Schuppen hat im Wasser, im Meer und in den Bächen, dürft ihr essen.
10 Alles aber, was nicht Flossen und Schuppen hat im Meer und in den Bächen von allem, was sich regt im Wasser, und allem, was lebt im Wasser, soll euch ein Gräuel sein.
11 Von ihrem Fleisch dürft ihr nicht essen und ihr Aas sollt ihr verabscheuen, denn sie sind ein Gräuel für euch.
12 Denn alles, was nicht Flossen und Schuppen hat im Wasser, sollt ihr verabscheuen.
13 Und diese sollt ihr verabscheuen unter den Vögeln, dass ihr sie nicht esst, denn ein Gräuel sind sie: den Adler, den Habicht, den Fischaar,
14 den Geier, die Weihe mit ihrer Art
15 und alle Raben mit ihrer Art,
16 den Strauß, die Nachteule, den Kuckuck, den Sperber mit seiner Art,
17 das Käuzchen, den Schwan, den Uhu,
18 die Fledermaus, die Rohrdommel, den Storch,
19 den Reiher, den Häher mit seiner Art, den Wiedehopf und die Schwalbe.
20 Auch alles kleine Getier, das Flügel hat und auf vier Füßen geht, soll euch ein Gräuel sein.
21 Doch dies dürft ihr essen von allem, was sich regt und Flügel hat und auf vier Füßen geht: was oberhalb der Füße noch zwei Schenkel hat, womit es auf Erden hüpft.
22 Von diesen könnt ihr essen die Heuschrecken, als da sind: den Arbe mit seiner Art, den Solam mit seiner Art, den Hargol mit seiner Art und den Hagab mit seiner Art.
23 Alles aber, was sonst Flügel und vier Füße hat, soll euch ein Gräuel sein.

Schotts Sammelsurium Essen & Trinken

BIBLISCHE SPEISEGRÄUEL Forts.

29 Diese sollen euch auch unrein sein unter den Tieren, die auf der Erde wimmeln: das Wiesel, die Maus, die Kröte, ein jedes mit seiner Art,
30 der Gecko, der Molch, die Eidechse, die Blindschleiche und der Maulwurf.
41 Was auf der Erde kriecht, das soll euch ein Gräuel sein, und man soll es nicht essen.
42 Alles, was auf dem Bauch kriecht, und alles, was auf vier oder mehr Füßen geht, unter allem, was auf der Erde kriecht, dürft ihr nicht essen; denn es soll euch ein Gräuel sein.
44 Denn ich bin der HERR, euer Gott. Darum sollt ihr euch heiligen, so dass ihr heilig werdet, denn ich bin heilig; und ihr sollt euch nicht unrein machen an irgendeinem Getier, das auf der Erde kriecht.
45 Denn ich bin der HERR, der euch aus Ägyptenland geführt hat, dass ich euer Gott sei. Darum sollt ihr heilig sein, denn ich bin heilig.
46 Das ist das Gesetz von den vierfüßigen Tieren und Vögeln und von allen Tieren, die sich regen im Wasser, und von allen Tieren, die auf der Erde kriechen,
47 auf dass ihr unterscheidet, was unrein und rein ist und welches Tier man essen und welches man nicht essen darf.

UMGANGSSPRACHLICH BETRUNKEN

abgedichtet · abgefüllt · angeheitert · angesäuselt · angeschickert
angetüdelt · beatmungspflichtig · bekneipt · benebelt · beschallt
beschmort · beschwipst · besemmelt · besoffen · betankt · betütert
bezecht · bezwitschert · blau · blau wie ein Veilchen · bräsig · breit
dicht · dicht wie ein Hamster · dudeldick · duun · dumpf · einen sitzen
haben · einen hängen haben · einen im Tee haben · einen intus haben
einen in der Krone haben · einen über den Durst getrunken haben
eingedeckt · entsichert · Festplatte formatiert · fett wie a Häusltschick[†]
feuchtfröhlich · fuselig · granada · granatenvoll · hackedicht
hochdruckbetankt · im Jenseits · im Tran · intox · knülle · komatös
koordinativ indifferent · kopflastig · lull und lall · molum · neben der
Spur · nicht mehr ganz alleine · Oberkante Unterlippe · ölig
pudelhageldick · ranzig · Schlagseite haben · selig · Schleuse gespielt
haben · schussbereit · steif · sternhagelvoll · stinkbesoffen · stockbesoffen
stramm · strulle · tiefergelegt · verblitzt · verklebt · verstrahlt · voll
voll bis an die Kiemen · voll wie eine Haubitze · voll wie eine Natter
voll wie tausend Russen · weggebeamt · weinselig · zu · zu tief ins Glas
geschaut haben · zugedonnert · zugedröhnt · zugelötet · zugenagelt

[†] Nur in Österreich gebräuchlich; eine „Häusltschick", so heißt es, bezeichnet eine in der Toilette eingeweichte Zigarette, die – durch die Feuchtigkeit aufgeschwemmt – „fett" wird.

Schotts Sammelsurium Essen & Trinken

―――――― WEINFLASCHEN-BEZEICHNUNGEN ――――――

Flaschenname	Champagner	Bordeaux	Burgunder
Piccolo	¼	—	—
Chopine	—	⅓	—
Filette / Demi	½	½	½
Magnum	2	2	2
Marie Jeanne	—	3	—
Doppel-Magnum	—	4	—
Jeroboam	4	6	4
Rehoboam	6	—	6
Imperiale	—	8	—
Methusalem	8	—	8
Salmanazar	12	—	12
Balthasar	16	16	16
Nebukadnezar	20	20	20
Melchior	24	24	24

Wein reift üblicherweise in Flaschen, die nicht größer als Magnum sind.

JEROBOAM

Jeroboam I. (um 922–901 v. Chr.) gründete das Nordreich Israel; zuvor war er von König Salomo zum Aufseher über die Fronarbeiter bestellt gewesen. Nach Salomos Tod bekämpfte Jeroboam dessen Sohn Rehoboam, um die Macht über die nördlichen Gebiete zu erlangen. In Konkurrenz zum religiösen Zentrum Jerusalem errichtete er in Bethel und Dan Heiligtümer und ernannte seine eigenen Priester.

REHOBOAM

Rehoboam (oder Rehabeam) war der Sohn König Salomos. Während seiner Herrschaft (um 922–915 v. Chr.) brach das Reich auseinander und es wurde ein neues Königreich unter Jeroboam I. gegründet.

METHUSALEM

Großvater von Noah; erreichte das ehrwürdige Alter von 969 Jahren.

SALMANAZAR

Der Name geht vermutlich auf Salmanassar III. zurück, der als König von Assyrien herrschte (um 859–824 v. Chr.) und versuchte, seinen Einfluss über die Levante zu verstärken.

BALTHASAR

Einer der drei Weisen aus dem Morgenland. Er brachte dem Jesuskind Myrrhe, ein Sinnbild für Sterblichkeit.

NEBUKADNEZAR

Vermutlich nach dem babylonischen König Nebukadnezar II. (um 605–562 v. Chr.) benannt, der die Hängenden Gärten von Babylon anlegen ließ. Er wurde angeblich wahnsinnig und fraß Gras.

MELCHIOR

Der Weise aus dem Morgenland brachte dem Jesuskind Weihrauch, ein Sinnbild für Göttlichkeit.

DICKENS ÜBER AUSTERN

... je ärmer ein Platz ist, desto größer scheint die Nachfrage nach Austern zu sein. Schauen Sie sich's doch an, Sir! Jedes halbe Dutzend Häuser hat seinen eigenen Austernstand. Die Straße ist voll mit ihnen. Verdammt, es ist doch wirklich so: ist hier einer arm, dann läuft er schnell aus seinem Haus und schluckt in regelrechter Verzweiflung seine Austern hinunter.

— CHARLES DICKENS, *Die Pickwickier*, 1836

–IVOR

Bezeichnung	frisst
karnivor	Fleisch
herbivor	Pflanzen
omnivor	alles
insektivor	Insekten
piscivor	Fisch
vermivor	Würmer
algivor	Algen
detritivor	Dung
folivor	Blätter
fructivor	Früchte
fungivor	Pilze
granivor	Pflanzensamen
lignivor	Holz
limnivor	Aufwuchs
melivor	Honig
nectarivor	Pflanzennektar
oryzivor	Reis
radivor	Wurzeln
ranivor	Frösche
sanguivor	Blut
planktivor	Plankton

KULINARISCHE MASSE AUS INDIEN

Traditionelle indische Maßeinheiten scheinen sich alle auf das Gewicht eines kleinen schwarzen Samenkorns zu beziehen, das mit einem roten Punkt gekennzeichnet war. Dieses Samenkorn (*Abrus precatorius*) – genannt *rati*, *gunji* oder *krsnala* – wiegt 109 mg und war Bestandteil eines ausgesprochen natürlichen Maßsystems, wie die folgende Tabelle illustriert:

1 Pfefferkorn	1 schwarzer Senfsamen
3 schwarze Senfsamen	1 weißer Senfsamen
6 weiße Senfsamen	1 mittelgroßes Gerstenkorn
3 Gerstenkörner	1 rati
8 Gerstenkörner	1 angula (einen Finger breit)
12 angula	1 vitasti
2 vitasti	1 hasta
4 hasta	1 danda (Stablänge)
2000 danda	1 krosa (so weit, wie ein Schrei trägt)
4 krosa	1 yojana (eine Reiseetappe)

WEINTEMPERATUR

Hier einige Empfehlungen für die Trinktemperatur (in °C), bei der verschiedene Weine genossen werden sollten:

Leichter süßer Weißwein 5–8	Leichter Rotwein 11–12
Sekt, Prosecco 6–9	Voller trockener Weißwein . 13–16
Fino Sherry 8–10	Madeira, Portwein 13–15
Leichter trockener Weißwein 9–12	Vollmundiger Rotwein 15–18
Rosé 8–10	Burgunder 15–17
Sherry 10–11	Bordeaux 16–18

SYMBOLIK DER HOCHZEITSTORTE

Unzählige Traditionen ranken sich um die Hochzeitstorte: Das frisch vermählte Paar hält häufig zusammen ein Messer und schneidet sie gemeinsam an (ein paradoxer Vorgang, denn dadurch werden die Brautleute durch einen Schnitt verbunden); der weiße Zuckerguss symbolisiert Reinheit und Jungfräulichkeit; kleine Tortenstücke werden an die Gäste überreicht (und abwesenden Freunden sogar zugesandt), um den Bund zu feiern; die oberste Etage der Torte wird oft beiseite getan und für die Taufe aufbewahrt; und es soll Leute geben, die jeder Etage eine eigene symbolische Bedeutung zuweisen (Zueinanderpassen, Treue, Fruchtbarkeit usw.). Abergläubische Menschen behaupten gar, eine unverheiratete Frau, die ein Stück Hochzeitstorte unter ihr Kopfkissen legt und darauf schläft, werde von ihrem zukünftigen Ehegatten träumen.

CRÈMES DE ...

Crème d'abricots .... Aprikose	*Crème de fraises* .... Erdbeere
Crème d'amandes .... Mandel	*Crème de menthe* ..... Pfefferminze
Crème d'ananas .... Ananas	*Crème de moka* .... Kaffee
Crème de banane .... Banane	*Crème de noyaux* .... Nuss
Crème de cacao .... Schokolade	*Crème de rose* .... Rosenblätter
Crème de cassis ...... Johannisbeere	*Crème de vanille* .... Vanille
Crème de cerise .... Kirsche	*Crème de violette* .... Veilchen

Schotts Sammelsurium Essen & Trinken

EINIGE KALORIENWERTE

Obwohl längst veraltet (und durch das Joule ersetzt), ist die Kalorie noch immer die am weitesten verbreitete Einheit für Nährwertangaben. Eine Kalorie bezeichnet die Energiemenge, die nötig ist, um 1 g Wasser bei normalem atmosphärischem Druck um 1 °C zu erwärmen. Eine Kilokalorie („kcal") hingegen, von der man umgangssprachlich meistens spricht, entspricht 1000 Kalorien – also der Energiemenge, die man aufwenden muss, um 1 kg Wasser um 1 °C zu erwärmen – oder 4,2 Kilojoule (kJ). Nachfolgend die Kalorienwerte für eine Reihe von Nahrungsmitteln, bezogen auf Portionen von 100 g oder 100 ml. Kalorienbewusste Esser sollten sich allerdings darüber im Klaren sein, dass die Angaben je nach Quelle beträchtlich variieren können.

Äpfel	47
Auberginen	22
Avocado	190
Baiser	380
Bananen	95
Bratkartoffeln	150
Bratwurst	290
Brokkoli, gekocht	25
Butter	740
Butterkekse	422
Cola	39
Cola light	0,25
Cornflakes	360
Eier, gebraten	180
Eier, gekocht	147
Gans, gebraten	320
Hähnchen, gegrillt	250
Haselnüsse	650
Honig	290
Honigmelone	54
Hummer, gekocht	120
Joghurt (3,5 %)	61
Käsekuchen	224
Kartoffelchips	550
Kirschen	48
Kopfsalat	12
Lachs, geräuchert	140
Leberkäse	297
Mayonnaise	700
Mangos	55
Muscheln, gekocht	80
Orangen	37
Papaya	13
Pommes frites	305
Rebhuhn, gebraten	215
Rehbraten	122
Reis	140
Rhabarber	10
Rinderbraten	210
Rosinen	280
Sahne, sauer	117
Sahne, süß	309
Sauerkraut, gekocht	17
Sellerie, Staude	12
Schmalz	897
Schokolade, bitter	480
Schokolade, Vollmilch	530
Scholle, gedünstet	95
Schweinekotelett	150
Sesam	600
Sojasoße	70
Spaghetti, gekocht	362
Spargel	18
Spinat	15
Tomaten	17
Tomatenketchup	100
Truthahn, gegrillt	150
Vollmilch	66
Walnüsse	690
Weintrauben	60
Weißwurst	287
Zwiebeln	28

EPONYME GENÜSSE

FRANGIPANI · *mit Mandeln gewürzte Sahne oder mit Mandeln verfeinertes Gebäck* · angeblich eine Erfindung des italienischen Marquis Muzio Frangipani, der im 16. Jh. als Schöpfer eines Parfüms für Handschuhe bekannt wurde.

BIRNE HELENE · *mit Läuterzucker pochierte Birne mit Vanilleeis, mit kandierten Veilchen bestreut und mit heißer Schokoladensoße übergossen* · um 1870 kreiert, als Jacques Offenbachs Operette „Die schöne Helena" in Paris in aller Ohren war.

SANDWICH · *zwei Brotscheiben mit Belag* · ein allbekanntes Essen, das durch John Montagu, den vierten Earl of Sandwich (1718–1792), bekannt wurde. Dieser pflegte ein Sandwich zu bestellen, weil es ihm ermöglichte, gleichzeitig zu essen und sich dem Glücksspiel zu widmen.

APFEL CHARLOTTE · *ein Apfelkuchen* · kreiert von Marc-Antoine Carême und (wahrscheinlich) benannt zu Ehren von Königin Charlotte von England (1744–1818), der Gemahlin von Georg III.

PFIRSICH MELBA · *halber, in Läuterzucker gedünsteter Pfirsich mit Himbeerpüree auf Vanilleeis* · benannt von dem französischen Meisterkoch und Schöpfer der „Grand Cuisine" Auguste Escoffier zu Ehren der australischen Opernsängerin Nellie Melba. (Siehe auch „Toast Melba", S. 12)

PAWLOWA · *Früchtebaisertorte mit Sahne* · stammt vermutlich aus Neuseeland (auch wenn Australier dies in der Regel bestreiten), benannt zu Ehren der Ballerina Anna Pawlowa (1881–1931).

MOZARTKUGELN · *kugelförmiges Schokoladenkonfekt, gefüllt mit Nougat und Marzipan* · kreiert in Wien im Jahr 1890 von dem Salzburger Konditor Paul Fürst und benannt zu Ehren des in Salzburg geborenen Mozart.

CARPACCIO · *hauchdünn geschnittenes rohes Rindfleisch mit Olivenöl, Käse, Senf, Zitronensaft oder Mayonnaise* · erdacht von Giuseppe Cipriani, dem Gründer von „Harry's Bar" in Venedig. Ebenso wie der Toast Melba war das Carpaccio ursprünglich als Diätspeise konzipiert – diesmal für die Contessa Amalia Nani Mocenigo, der verboten war, gekochtes Fleisch zu essen. Der Name des Gerichts bezieht sich offenbar auf den Maler Vittore Carpaccio (?1460–1525), der für seine kräftigen Rottöne bekannt war.

BÉCHAMELSOSSE · *eine weiße Rahmsoße aus Butter, Milch, Mehl, Salz und Muskat* · benannt nach dem französischen Bankier Marquis Louis de Béchamel (gest. 1703), dem Oberhofmeister am Hofe König Ludwigs XIV. Sein Leibkoch kredenzte für ihn diese Soße, weil der Marquis darauf bestand, zu möglichst vielen Gerichten weiße Soßen zu essen.

EPONYME GENÜSSE

NIKOTIN · *giftiges Alkaloid der Tabakpflanze* · benannt nach (und von) Jacques Nicot, einem um 1560 in Lissabon stationierten französischen Diplomaten, der den Tabakanbau in Frankreich propagierte. (Nicot schuf sein eigenes Eponym, indem er es in das von ihm erstellte französische Wörterbuch aufnahm.)

MADELEINE · *französisches Kleingebäck* · geht auf die Konditorin Madeleine Paulmier aus dem lothringischen Commercy im 19. Jh. zurück.

EARL GREY · *mit Bergamotöl aufgegossener chinesischer Tee* · der bevorzugte Tee des zweiten Earl Grey (1764–1845).

MAYONNAISE · *dickflüssige Soße aus Öl, Eigelb, Essig und Gewürzen* · benannt nach einer Hafenstadt auf der spanischen Insel Menorca, Mahón, die wiederum auf den karthagischen General Mago (um 200 v. Chr.) zurückgeht, der an Hannibals Italienfeldzug teilnahm. Als Menorca 1756 vom französischen Herzog Richelieu erobert wurde, kreierte man anlässlich der Siegesfeier die Soße „Mahonese".

GARIBALDI-KEKSE · *feiner Blätterteig, gefüllt mit Rosinenmus* · angeblich benannt nach Giuseppe Garibaldi (1807–1882), dem italienischen Freiheitskämpfer, von dem es heißt, er habe dafür eine ganz besondere Vorliebe gehegt.

EIER BENEDIKT · *Muffin (oder Toast), mit gebratenem Speck und pochiertem Ei belegt, mit Sauce hollandaise übergossen und mit einer Trüffelscheibe garniert* · der genaue Urheber dieses Gerichts ist umstritten: eine ganze Reihe von Benedikts kommen dafür in Frage. Ein recht wahrscheinlicher Kandidat ist der Bankier Lemuel Benedict, der diese Eier im Hotel Waldorf (um 1894) offenbar regelmäßig bestellte.

SACHERTORTE · *Schokoladentorte mit Marillenmarmelade und Kuvertüre-Überzug* · erfunden von Franz Sacher, einem 16-jährigen Küchenlehrling am Hofe des Wiener Fürsten Metternich, als er um 1832 in Vertretung des erkrankten Küchenchefs ein Dessert für besonders anspruchsvolle Gäste kreieren wollte.

SAVARIN · *mit Rum verfeinertes Fruchtbiskuit* · benannt nach dem Schriftsteller Jean-Anthelme Brillat-Savarin (1755–1826).

BISMARCKHERING · *Hering ohne Kopf, mariniert in Essig, Öl, Zwiebeln und Gewürzen* · Namenspatron des säuerlichen Fischgerichts war der erste deutsche Reichskanzler, Otto Fürst von Bismarck (1815–1891).

RENEKLODE · *grüne pflaumenartige Frucht der Familie Prunus insititia* · auch „Reineklaude", benannt nach der französischen Königin Claudia (1499–1524).

SKLAVEN & RÖMISCHE GELAGE

In Alexis Soyers Standardwerk über die Kochkunst der Antike, *Pantropheon* (1853), findet sich eine Klassifikation der Sklaven, die bei einem römischen Fest ihren Dienst versahen. Jedem Sklaven (dem das Siegel seines Herrn eingebrannt wurde) war eine bestimmte Aufgabe zugeteilt:

dispensator ..... organisierte und verteilte die Arbeit der anderen Sklaven
ostiarius .... Pförtner, der die aus- und eingehenden Gäste betreute
atriensis .... beaufsichtigte die Vorhalle; bewachte Waffen, Trophäen usw.
obsonator .. kaufte auf dem Markt Fleisch, Obst und andere Lebensmittel
vocatores .. überbrachten Einladungen; empfingen und platzierten die Gäste
cubicularii .... richteten Tische und Liegen her
dapiferi .... trugen die Gerichte im Speiseraum auf
nomenculatores .... informierten die Gäste über die einzelnen Speisen
structor .... ordnete die Gerichte symmetrisch an
praegustator .... erster Vorkoster, der von jeder Speise probierte
triclinarche ... Oberkellner, der die Speisefolge des Festmahls überwachte
procillatores .... junge Sklaven zur persönlichen Betreuung der Gäste
sandaligeruli .... zogen den Gästen die Sandalen aus und wieder an
adversitores .... geleiteten die Gäste mit Fackeln nach Hause

Darüber hinaus gab es solche, die für die (z. B. musikalische) Unterhaltung der Gäste sorgten, sowie eine Vielzahl von Sklaven, die verschiedene niedere Tätigkeiten versahen: *flabellarii*, die den Gästen mit Pfauenfedern zufächerten; *focarii*, die die Feuerstelle beaufsichtigten; *scoparii*, die die Zimmer fegten; und *peniculi*, die am Ende für die Säuberung der Esstische zuständig waren.

TATAR

Tatar (auch Tartar oder Schabefleisch) bezeichnet Rinderhack, das mit Eigelb, Zwiebeln und verschiedenen Gewürzen (oft auch Kapern oder Sardellen) vermischt und roh gegessen wird. Der Verzehr ist aufgrund der Gefahr einer Salmonellenvergiftung allerdings nicht unbedenklich, weshalb man bei der Herstellung unbedingt auf Frische und Qualität der Zutaten achten sollte. Ob das Tatar tatsächlich auf das mongolische Reitervolk der Tataren zurückgeht, ist jedoch höchst fragwürdig. Während einige behaupten, das Gericht sei nichts als eine literarische Erfindung und verdanke seine Existenz einzig Jules Vernes Abenteuerklassiker *Der Kurier des Zaren* (1876), meinen andere, der Beitrag der Tataren gründe sich allein auf ihre Handhabung von rohem Fleisch: Um zähes Fleisch annähernd genießbar zu machen, sollen sie es unter ihren Sätteln mürbe geritten und anschließend verzehrt haben.

SCOVILLE-SKALA

Im Jahr 1912 entwickelte Wilbur Scoville seine inzwischen berühmte Methode, den relativen Schärfegrad verschiedener Chili-Sorten darzustellen (*J. Am. Pharm. Assoc.* 1912; 1: 453–454). Zu der Zeit, als Scoville seine Experimente durchführte, waren Analyseverfahren wie die Mikrospektroskopie noch ein ferner Traum, so dass er auf subjektive Geschmackstests angewiesen war:

> *Die Methode, die ich angewandt habe, ist folgende: Ein grain [= 0,0648 g] gemahlener Chili wird über Nacht in 100 ml Alkohol eingeweicht und nach gründlichem Schütteln gefiltert. Die Alkohollösung wird dann in bestimmten Mischverhältnissen zu gesüßtem Wasser zugegeben, bis eine deutliche, aber schwache Schärfe auf der Zunge wahrnehmbar ist.*

Auf diese Weise wurden verschiedene Chili-Sorten so lange verdünnt, bis sie nicht mehr mit der Zunge geschmeckt werden konnten. Je stärker der Chili, desto höher musste der Grad der Verdünnung sein. Physiologische Tests dieser Art waren durchaus umstritten – Scoville selbst bemerkte sogar, sie seien „mancherorts absolut tabu". Bis es technisch möglich war, chemische Zusammensetzungen objektiv zu analysieren, bot Scovilles Test gleichwohl eine „verfügbare und zufriedenstellende Methode", um Chili-Schoten für medizinische und kommerzielle Zwecke auszuwählen und zu kategorisieren. Aus diesem Verfahren gingen die berühmten Scoville-Einheiten hervor, die uns eine vergleichende Darstellung unterschiedlicher Chili-Schärfen gestattet:

Paprika	0 *Scoville-Einheiten*
Peperocini	100–500
New Mexican	500–1 000
Española / Peperoni	1 000–1 500
Cascabel, Cherry, Anco, Pasilla	1 000–2 500
Jalapeño, Mirasol	2 500–5 000
Serrano	5 000–15 000
de Arbol	15 000–30 000
Cayenne, Tabasco	30 000–50 000
Chiltepin	50 000–100 000
Scotch Bonnet, Thai Dragon	100 000–350 000
Habanero	200 000–300 000
Red Savina Habanero	570 000
Pures Capsaicin	16 000 000

Die Auflistung gibt nur eine grobe Orientierung, da der Chili-Schärfegrad von Schote zu Schote variiert.

Schotts Sammelsurium Essen & Trinken

STÜCKZAHL PRO PFUND

Hier eine grobe Schätzung der Stückzahl pro Pfund (500 g) für verschiedene Obst- und Gemüsesorten:

Durian	¼	Möhren (mittelgroß)	5–7
Pampelmuse	1	Tomaten (mittelgroß)	6–7
Paprikaschote (groß)	1	Pflaumen (mittelgroß)	10
Bananen (mittelgroß)	2–3	Aprikosen	15–18
Birnen (mittelgroß)	2–3	Datteln	20
Äpfel (mittelgroß)	3–4	Erdbeeren	30–35
Bananen (klein)	3–4	Champignons	35
Zwiebeln (mittelgroß)	3–4	Kirschen	35–40
Pfirsiche (mittelgroß)	4–5	Zuckerschoten	140

SPARGEL & URIN

Spargel (*Asparagus officinalis*) gehört zur Familie der Lilien und ist ein Dauerbrenner unter den Gemüsen, den schon die alten Griechen genossen. Der Name ist wahrscheinlich vom persischen Wort für Spross, *asparag*, abgeleitet. Während die Griechen wilden Spargel aßen, fanden die Römer solchen Geschmack an dem Gemüse, dass sie Techniken entwickelten, um es anbauen zu können. Ludwig XIV. entwickelte ein solches Faible für Spargel (und andere Delikatessen), dass er seinen Gärtner Jean de la Quintinie anwies, Mistbeete anzulegen, damit er das ganze Jahr über in den Genuss dieses Gemüses kommen konnte. Es ist nicht bekannt, wann der Zusammenhang zwischen Spargel und dem Kohlgeruch von Urin entdeckt wurde, aber John Arbuthnot, der Leibarzt der englischen Königin Anne, hielt diese Wirkung 1731 fest. (Stanislas Martin, ein Schriftsteller des 19. Jahrhunderts, warnte davor, dass Spargel im Blut eine ehebrecherische Beziehung verraten könnte.) In der wissenschaftlichen Literatur herrscht keineswegs Einigkeit über die Ursache für den Geruch. Offenbar ist nicht jedermanns Urin betroffen. Die statistischen Ergebnisse gehen weit auseinander, doch haben zwischen 40 und 70 Prozent derjenigen, die nach dem Genuss von Spargel getestet wurden, Urin, der riecht. Und um die Angelegenheit noch komplizierter zu machen: Nicht alle Menschen vermögen den Geruch nach Spargelurin wahrzunehmen. Es gibt anscheinend vier Gruppen: die Produzenten und die Nicht-Produzenten, die Wahrnehmer und die Nicht-Wahrnehmer. Die chemische Ursache für die mephitische Eigenschaft von Spargel ist ebenso ungewiss, und man hat eine ganze Reihe von Wirkstoffen in Verdacht, darunter Dimethylsulfonat, Methanthiol, Dimethylsulfid und S-Methylthioacrylat. Diese bedeutende medizinische Frage wird weiterhin erforscht.

Schotts Sammelsurium Essen & Trinken

———————————— MARTINIS etc. ————————————

Der Erfinder des Gin (um 1650) war offenbar Dr. Franz de la Boë, der Kornschnaps mit Wacholderöl mixte, um Nierenleiden zu kurieren. Das englische Wort *vermouth* (mit Gewürzen und Kräutern destillierter Weißwein) geht auf den deutschen „Wermut" zurück, eine Pflanze, die früher als Wurmmittel verwendet wurde. Beide Alkoholika zusammengemixt ergeben den Martini, den Cocktail, den H. L. Mencken einmal als „die einzige amerikanische Erfindung von der Vollkommenheit eines Sonetts" pries. Das Mischungsverhältnis für einen Martini ist seit jeher umstritten. Ernest Hemingway hatte eine Vorliebe für den Montgomery: 15 Teile Gin auf 1 Teil Wermut (so jedenfalls soll es Monty auf dem Schlachtfeld angeordnet haben). Richard Nixon – in jeder Hinsicht nicht ganz so trocken – entschied sich für ein Verhältnis von 7 zu 1. Luis Buñuel hielt es für ausreichend, ein Glas Gin neben einer Flasche Wermut zu erheben und einen Sonnenstrahl hindurchscheinen zu lassen. Andere Mischungen sind:

COCKTAIL	Vermouth Rosso	Dry Vermouth	Extra Dry Vermouth	Whiskey	Gin	Wodka	Angostura (Schuss)	Orange-Bitter (Tropfen)	Limettenkonzentrat	Sodawasser	GARNITUR
Classic dry Martini		½			3						*Olive*
Dry Martini		½			2½			4			*Olive*
Gimlet		2							1½		*Limettenscheibe*
Wodka Martini			⅓			2					*Olive*
Gibson		½			3						*Perlzwiebel*
Manhattan	2			1							*Cocktailkirsche*
Bikini	1					1				3	*Orangenschale*
Montgomery			1		15						
FDR		1			2						*Olive*
Pink Martini		1			3		2				
Vesper					3	1					*Schuss Lillet*

Flaschen, Gläser und alle Zutaten müssen vor Gebrauch gekühlt werden.

GESCHÜTTELT ODER GERÜHRT

Martinis sollten mit Eis vermengt werden, bevor man sie in ein Cocktailglas gießt. Aber wie? Wenige Fragen haben Spirituosenliebhaber so aufgewühlt wie die, ob ein Martini geschüttelt oder gerührt werden sollte. Durch Schütteln wird der Drink kühler als durch Rühren, aber es besteht die Gefahr, die Zutaten zu lang dem Eis auszusetzen und somit zu verwässern. Natürlich ist an diesem Dilemma Ian Flemings berühmte Schöpfung James Bond schuld, der dem Ganzen noch die Krone aufsetzte, indem er den Gin zugunsten von Wodka verteufelte.

KARTOFFELN & KOCHEIGENSCHAFTEN

Zur Qualitätssicherung und Kennzeichnung von Speisekartoffeln gibt es in Deutschland eine ganze Reihe von Institutionen und Verordnungen. Neben der Handelsklassenverordnung, dem Lebensmittel- und Bedarfsgegenständegesetz und den Deutschen Kartoffelgeschäftsbedingungen (1956) wachen unzählige Kartoffel-Sachverständige und Anbauberater über die gleichbleibende Güte des nahrhaften Knollengemüses. Klassifiziert werden die 176 in Deutschland zugelassenen Sorten nach Erntezeiten und Kocheigenschaften. Hier einige der wichtigsten Kartoffelsorten mit ihren Spezifikationen:

Sorte	Kocheigenschaften	Erntezeit
GLORIA	festkochend	sehr früh
ATICA	vorwiegend festkochend	sehr früh
BERBER	vorwiegend festkochend	sehr früh
SIEGLINDE	festkochend	früh
FORELLE	festkochend	früh
ARNIKA	vorwiegend festkochend	früh
PINKI	vorwiegend festkochend	früh
LINDA	festkochend	mittelfrüh
NICOLE	festkochend	mittelfrüh
CLARISSA	vorwiegend festkochend	mittelfrüh
CLIVIA	vorwiegend festkochend	mittelfrüh
IRMGARD	mehligkochend	mittelfrüh
ADRETTA	mehligkochend	mittelfrüh
AGNES	vorwiegend festkochend	mittelspät bis spät
ISOLA	vorwiegend festkochend	mittelspät bis spät
DATURA	mehligkochend	mittelspät bis spät

ERNTEZEITEN: *sehr früh* = Juni/Juli; *früh* = Juli/August; *mittelfrüh* = August/September; *mittelspät bis spät* = September/Oktober
KOCHEIGENSCHAFTEN: *Festkochend* = geringer Stärkegehalt, Verwendung für Salat, feste Salz- oder Pellkartoffeln; *Vorwiegend festkochend* = etwas höherer Stärkegehalt, Verwendung für Salz-, Pell-, Brat-, Röst- und Grillkartoffeln. *Mehligkochend* = hoher Stärkegehalt, Verwendung für Kartoffelbrei, Knödel und Klöße, Suppen, Eintöpfe und zum Binden von Soßen.

DAS TEMPERAMENT VON KÖCHEN

Auch sollte bedacht werden, dass es ein übellauniger Mensch niemals zu einem Meister der Kochkunst bringen wird, denn das gestörte Gleichgewicht seiner Magensäfte zerstört die außergewöhnliche Feinfühligkeit, die seinen Gaumen auszeichnen sollte, und sorgt dafür, dass dieser verdorben und geschmacklos ist.

— Charles Pierce, *The Household Manager,* 1863

KUBA, ZIGARREN UND J. F. K.

Das Verbot kubanischer Zigarren in den Vereinigten Staaten zählt zu einer Reihe von Handelssanktionen, mit dem Ziel, Kuba wirtschaftlich zu isolieren und so Fidel Castros Regime zu schwächen. Kurz nach der so genannten Schweinebuchtkrise von 1961 ließ John F. Kennedy seinen Presseattaché Pierre Salinger rufen und beauftragte ihn, 1000 Petit-Upmann-Zigarren zu kaufen. Am nächsten Morgen um acht Uhr lieferte Salinger 1200 der Lieblingszigarren des Präsidenten an das Oval Office. Nach Erhalt der begehrten Rauchwaren zückte Kennedy seinen Füllfederhalter und unterschrieb das Dekret, das die Einfuhr aller kubanischen Produkte in die USA strikt untersagte.

VIER FRÜCHTE

Die folgenden vier Fruchtsorten (*quatre-fruits*) sind die traditionellen Sommerfrüchte, die man in Frankreich kombiniert, um Vierfrucht-Kompotte, Konfitüren, Eingemachtes und Sirup herzustellen:

Erdbeeren · Rote Johannisbeeren · Kirschen · Himbeeren

Die vier gelben Früchte (*quatre-fruits jaunes*), die zum gleichen Zweck benutzt werden, sind:

Zitronen · Limonen · Orangen · Sevilla-Orangen

LAKRITZE

Lakritze, von griechisch *glykýrrhiza*, auch Süßholz genannt, ist eine Staude aus der Familie der Hülsenfrüchtler. Aus den Wurzeln werden die Inhaltsstoffe extrahiert und mit Zucker, Mehl und Gelatine eingedickt. Häufig wird Salmiak hinzugefügt, das dem Süßholz einen intensiven Geschmack verleiht. Lakritze wird seit der Antike als Heilmittel gegen Husten und als Durstlöscher verwendet. Erst 1760 setzte der Apotheker George Dunhill dem Süßholz Zucker zu und machte es so zu einer Süßigkeit. Die schwarze Farbe der Lakritze wird künstlich erzeugt. In Holland und Schweden ist Lakritze besonders beliebt und verbreitet. Man unterscheidet grundsätzlich zwischen einer süßen und einer salzigen Variante, in den meisten Ländern ist jedoch nur die süße Lakritze bekannt. Beide Formen enthalten Glycyrrhizin, das den Elektrolythaushalt des Körpers beeinflussen und zu Bluthochdruck und Kopfschmerzen führen kann. In Deutschland dürfen daher nicht mehr als 200 mg Glycyrrhizin pro 100 g Lakritze enthalten sein.

KULINARISCHE CHARAKTERISTIKA

Ulknudel	*lustiger Mensch*
Freches Früchtchen	*frecher Mensch*
Dreikäsehoch	*Kind*
Hanswurst	*Hampelmann*
Dünner Hering	*dünner Mann*
Kaffeetante	*Klatschbase*
Süßholzraspler	*Schmeichler*
Armes Würstchen	*bemitleidenswerter Mensch*
Zimtziege	*egoistische, fortwährend meckernde Frau*
Betriebsnudel	*Stimmungsmacher bei geselligen Anlässen*
Beleidigte Leberwurst	*nachtragender Mensch*
Spargeltarzan	*schmächtiger Mann*
Treulose Tomate	*unzuverlässiger Freund*
Zuckerschnecke	*hübsches Mädchen*
Suppenkasper	*Essen verweigerndes Kind*
Toller Hecht	*Aufreißer*

EINIGE FASTENZEITEN

KATHOLISCHE KIRCHE · Vorgeschriebene Fastentage sind: Aschermittwoch und Karfreitag (kein Fleisch, nur eine große Mahlzeit am Tag); empfohlene Fastenzeiten: Adventszeit und die österliche Bußzeit (Aschermittwoch bis zur Nacht vor Ostern, 40 Tage Fasten, Sonntage ausgenommen); freitags verzichten viele Katholiken auf Fleisch.

JUDENTUM · Strengster Fastentag ist der Versöhnungstag Jom Kippur. Die zehn Tage zwischen dem jüdischen Neujahrsfest Rosch Haschana (im Herbst) und dem Versöhnungstag sind eine Zeit der intensiven Buße, ebenso der jüdische Monat Aw (Juli/August); empfohlen wird das Fasten am Vorabend des monatlichen Neumonds, am eigenen Hochzeitstag und am Todestag der Eltern.

ORTHODOXE KIRCHE · Strenges Fasten 50 Tage vor Ostern, leichtes Fasten vom ersten Sonntag nach Pfingsten bis zum 29. Mai, 14 Tage mittleres Fasten in der Mariä-Entschlafung-Fastenzeit vom 1.–14. August, drei Wochen leichtes und drei Wochen mittleres Fasten in der Weihnachtszeit (15. November–24. Dezember). Zusätzlich soll an jedem Mittwoch und Freitag gefastet werden (ausgenommen sind die Wochen unmittelbar nach Ostern und Weihnachten).

ISLAM · Der Ramadan (neunter Monat des islamischen Mondkalenders) ist strenger Fastenmonat: Zwischen Anbruch der Morgendämmerung und Sonnenuntergang ist die Aufnahme von Nahrung und Wasser verboten, dergleichen Rauchen und Geschlechtsverkehr.

Schotts Sammelsurium Essen & Trinken

TEEBLÄTTERLESEN

Tasseographie – die Kunst des Wahrsagens mittels Teeblätterlesens – lässt sich bis ins Jahr 229 v. Chr. zurückverfolgen. Eine chinesische Volkssage erzählt von einer Prinzessin, die sich von der Astrologie im Stich gelassen fühlte und sich daher den Teeblättern zuwandte. Es gibt viele Techniken, um den Teeblättern Geheimnisse zu entlocken. Eine davon ist folgende:

VORBEREITUNG

Wenn der Inhalt der (einfachen weißen) Teetasse bis auf einen kleinen Rest Flüssigkeit (etwa einen Löffel voll) getrunken ist, wird die Tasse geschüttelt, um die Blätter zu lockern.[†] Die Tasse muss dann umgedreht, auf die Untertasse gestellt und dreimal gedreht werden. Schließlich kann der Tasseograph sich an die Deutung machen, wobei er gewährleisten muss, dass der Henkel der betroffenen Person zugewandt ist.

DEUTUNG

Ein Blätterklumpen bedeutet Reichtum und Wohlstand. Ein einzelnes Blatt auf dem Tassenrand ist äußerst verheißungsvoll, desgleichen menschliche Formen. Blätter an den Innenwänden der Tasse bedeuten, dass die Veränderung schnell vonstatten gehen wird, und Blätter auf dem Boden der Tasse, dass die Veränderung mühsam verlaufen wird. Wellenförmige Linien bedeuten Ärger oder Kummer, gerade Linien Frieden. Für die Deutung besonderer Formen oder „Hieroglyphen" gilt: Je größer das Bild, desto größer die Bedeutung. Ist ein Bild von Punkten umgeben, erhöht sich diese Bedeutung noch; Gleiches gilt für darauf zuführende Linien. Nachfolgend sind einige Hieroglyphen entziffert und einige Formen erklärt.

Blätter	Seestern	Hummer	Fisch
Veränderung	*Glück*	*Sicherheit*	*Ungewissheit*

Form	*Bedeutung*		
Katze	*Eifersucht*	Hund	*Treue*
Rad	*neue Arbeit*	Blume	*Freundschaft*
Schwert	*Streitigkeiten*	Glocke	*Freude*
Triangel	*schmerzlicher Verlust*	Schlange	*Verrat*
Baum	*Versuchung*	Garbe	*Wohlstand*
Stern	*Glück*	Bett	*Krankheit*
Kreis	*eine Hochzeit*	Axt	*Kluft, Trennung*
		Drache	*falsche Ängste*

† *Es ist wohl müßig, darauf zu verweisen, dass Tee aus Teebeuteln hier von keinerlei Nutzen ist.*

Schotts Sammelsurium Essen & Trinken

SCHOKOLADENGELD

Der Handel unter den mexikanischen Nahua basierte zwar in erster Linie auf Tauschgeschäften, als Geld dienten zuweilen aber auch getrocknete Kakaobohnen (die Samenkörner des Kakaobaums). Die Bohnen, oder *patlachté*, waren ein weithin akzeptiertes Zahlungsmittel, und die größte Währungseinheit betrug 8000 Bohnen bzw. ein *xiquipilli*.

WIE MAN EIN TRANCHIERMESSER SCHÄRFT

WIE MAN HUNDE ISST

Hunde können auf verschiedene Arten zubereitet werden – wobei die Gefahr von Trichinose es zwingend erforderlich macht, die Tiere gründlich durchzukochen. Hawaiianer und Samoaner kochten Hunde traditionell im Erdofen (zuvor sengten sie die Haare mit heißen Steinen weg). Die Chins in Burma stopften ihre Hunde offenbar mit Reis und kochten sie dann am Stück. Die Maya züchteten stumme und haarlose kleine Hunde (*techichis*), die zum Verzehr besonders gut geeignet waren und gleich bei ihrer Geburt kastriert wurden, damit sie Fett ansetzten. Die Chinesen machen Hundebeine (*la tsan*) mit Steinsalz und Sesamsamen haltbar oder braten sie mit Ingwer und Tofu kurz an (*Nan taso go zo*). Bei einigen indonesischen Rezepten werden Hunde mit Kokoscreme mariniert (*saté bumbu dendeng*), und einst hatten die Schweizer ein Faible für Carpaccio aus getrocknetem Hundefleisch (*Gedörrtes Hundefleisch*). Die Vietnamesen köcheln Hundesteaks in Weißwein, und auf den Philippinen kennt man einen Hundefleischeintopf mit Knoblauch, Essig und Huhn (*Adobo aso*). Laut dem Philosophen Porphyrios (234–305 v. Chr.) entdeckten die Griechen ihre Vorliebe für Hundefleisch zufällig bei einem Tieropfer. Nachdem der Priester das Ritual durchgeführt hatte, leckte er sich versehentlich die Finger ab; den Geschmack fand er so reizvoll, dass er sich an den verbrannten Resten gütlich tat.

– 54 –

Schotts Sammelsurium Essen & Trinken

EINIGE BROTE DIESER WELT

Nahezu jede Kultur besitzt eine Reihe typischer Brotsorten – einzigartig in Bezug auf Zutaten, Form, Zubereitung oder die rituellen Handlungen, in der sie eine Rolle spielen. Zum Beispiel: italienisches *focaccia, ciabatta, biova, panettone* und *pagnotta*; schweizerisches *Ruchbrot, Birnbrot, Bängeli* und *Vogelbrot*; dänisches *julekage* und *fastelavnsboller*; finnisches *halkaka* und *rieska*; portugiesisches *rosquilha* und *broa de milho*; deutsches *Landbrot, Vollkornbrot, Weißbrot, Graubrot, Schwarzbrot, Kommissbrot* und *Rosinenbrot* sowie der *Pumpernickel*; spanisches *pan cateto, hornazo* und *ensaimada*; chinesisches *man to*; griechisches *daktyla*; libanesisches *mankoush*; armenisches *pideh*; jüdisches *challah, sumsums, mazza* und *kubaneh*; amerikanisches *sourdough*; indisches *paratha, chapati, naan, puri* und *roti*; australisches *damper bread*; belgisches *pistolet*; englisches *bloomer, crumpet, hot-cross bun, lardy-cake* und *huffkin*; französisches *Baguette, brioche, pain de campagne, epi* und *cereale*; walisisches *bara brith*; irisches *soda bread* und *boxty*; schottisches *oatcake* und *bannock*; usw.

DIE RECHNUNG, BITTE

Arabisch	*al hisab, min fadlak* (♂) *fadlik* (♀)
Bayrisch	*Zoin!*
Bulgarisch	smetkata, molya
Chinesisch	*Qīngjié zhàngbā*
Englisch	The bill, please
Estnisch	Arve, palun
Finnisch	Saisinko laskun
Französisch	L'addition, s'il vous plaît
Griechisch	*To logariasmo, parakalo*
Hebräisch	*Chechbon, vakascha*
Holländisch	De rekening, alstublieft
Italienisch	Il conto, per favore
Japanisch	*o-kanjoo onegai shimasu*
Lettisch	Ludzu rek inu
Morse-Code	– .. .. / . – . . – . .... – . .– – . – – / . – – .. – – .
Polnisch	Rachunek poprosze
Portugiesisch	A conta, por favor
Serbokroatisch	Racun, molim
Spanisch	La cuenta, por favor
Suaheli	Tafadhali, letee checki
Tschechisch	Ucet, prosim
Türkisch	Hesap lütfen

Nicht zu vergessen die weltweit verständliche Geste, einfach seinen Namen in die Luft zu schreiben. (kursiv = Lautschrift)

— SCHICKLICHKEITSREGELN FÜR DIENENDE —

Emma Allesteins Kochbuch war in der zweiten Hälfte des 19. Jahrhunderts ein umfassendes und unverzichtbares Kompendium der bürgerlichen Küche. In der Ausgabe von 1884 findet sich auch eine Reihe von Verhaltensregeln für Hausbedienstete, wie sie sich zu dieser Zeit in jedem bürgerlichen Haushalt verdingten. Denn, so die Autorin, „durch Höflichkeit und Beobachtung des Schicklichen wird sich ein Dienstbote der Herrschaft näher stellen und sich sehr den Verkehr mit derselben erleichtern". Hier eine kleine Auswahl:

Jedes anständige Mädchen wird der Herrschaft freundlich und laut einen „Guten Morgen" wünschen.

Bei Tisch hat die Dienerin zu beobachten, dass sie beim Servieren stets den angesehensten und ältesten Gästen zuerst präsentiert. Das Präsentieren geschieht bei allen Personen von der linken Seite, das Abnehmen von Tellern, gebrauchtem Geschirr usw. von der rechten Seite, und zwar möglichst geräuschlos.

Während des Sprechens mit der Herrschaft und Gästen ist der Körper ruhig zu halten; Kratzen, Gähnen, Anlehnen an Möbel oder Wände schickt sich nicht.

Ein verdrossenes Gesicht und lärmendes Wesen, Türenwerfen können nur unangenehm sein; ein freundliches Gesicht und ein anständiges, ruhiges Betragen sind ein guter Empfehlungsbrief.

Unehrerbietiger Widerspruch ist ungehörig; glaubt die Dienende ungerecht beschuldigt zu sein, so führe sie ihre Verteidigung ruhig und bescheiden.

Jede Frage der Herrschaft oder der Gäste ist freundlich und bescheiden zu beantworten; auf den Ruf der Genannten ist die Antwort „Wie?" oder „Was?" unartig; man fragt einfach: „Wie wünschen?"

— KANNIBALISMUS IM FILM —

Soylent Green (1973) · Eating Raoul (1982) · Bad Taste (1988) · Das Kettensägenmassaker (1974) · Urban Flesh (1999) · Der Koch, der Dieb, seine Frau und ihr Liebhaber (1989) · Nackt und zerfleischt (1979) · Hannibal (2001) · Delikatessen (1991) · Das Schweigen der Lämmer (1991) · The Rocky Horror Picture Show (1975) · Sweeney Todd – The Demon Barber of Fleet Street (1936) · The Donner Party (1992) · Reichtum ist Geschmackssache (1987) · Die Tollwütigen (1971) · Parents (1989) Ravenous – Friss oder stirb (1999) · Blutmond (1986) · Weekend (1967) Überleben! (1993) · Lieutnant Pimple, King of Cannibal Islands (1914) The Undertaker & His Pals (1967) · Black Emmanuelle und die letzten Kannibalen (1977) · Themroc (1972) · Die Nacht der lebenden Toten (1968)

KEIMZAHL IN ROHEM FLEISCH

Keimzahl (pro g)	Fleischqualität
10^2	exzellente Qualität
10^4	gute, handelsübliche Qualität
10^6	darf nicht verkauft werden
10^8	Fleisch riecht schlecht
10^9	Fleisch ist schmierig

TRINKERTYPEN

Eine weit verbreitete Klassifikation von Trinkern beruht auf Elvin M. Jellineks klassischer Studie zur Alkoholkrankheit *The Disease Concept of Alcoholism* (1960). Dabei unterscheidet er die folgenden fünf Typen:

ALPHA-TRINKER · Problem- oder Konflikttrinker; trinken zur Bewältigung körperlicher oder seelischer Belastungen; kein Kontrollverlust; keine körperliche, aber psychische Abhängigkeit; Gesundheitsschäden können dennoch auftreten.

BETA-TRINKER · Gelegenheitstrinker; trinken nach Maßgabe sozialer Konsummuster (speziell Jugendliche); weder psychische noch physische Abhängigkeit, aber bereits erste gesundheitliche Folgen; starkes Suchtpotenzial.

GAMMA-TRINKER · Rauschtrinker oder süchtiger Trinker; Konsum variiert zwischen Trinkexzessen und relativ unauffälligem Verhalten; Kontrollverlust beim Trinken; die psychische überwiegt die (auch vorhandene) physische Abhängigkeit.

DELTA-TRINKER · Spiegel- oder Gewohnheitstrinker; täglicher und regelmäßiger Konsum ohne erkennbare Rauschsymptome aufgrund erhöhter Alkoholtoleranz; kein Kontrollverlust; die physische überwiegt die (auch vorhandene) psychische Abhängigkeit; Unfähigkeit zur Abstinenz, da sonst erhebliche Entzugserscheinungen (Tremor, Diarrhö, Schlaflosigkeit) auftreten.

EPSILON-TRINKER · der so genannte Quartalssäufer; völlige Abstinenz wechselt sich mit Phasen exzessiven Alkoholkonsums ab; es kommt zu Kontrollverlust, zeitweiligen Gedächtnislücken („Filmriss") und halluzinatorischen Phasen; dennoch überwiegt die psychische die physische Abhängigkeit.

Jeder der fünf beschriebenen Typen ist entweder alkoholkrank oder auf dem besten Wege zum Alkoholismus. Beim Genuss von alkoholischen Getränken sollte daher stets auf Mäßigung geachtet werden.

Der Wein ist ein Ding, in wunderbarer Weise für den Menschen geeignet, vorausgesetzt, dass er bei guter und schlechter Gesundheit sinnvoll und in rechtem Maße verwandt wird.
— Hippokrates

HOCK

Weine aus dem Rheingau werden in Großbritannien allgemein als „Hock" (oder „Hoc") bezeichnet. Der Ausdruck ist eine entstellte und verkürzte Ableitung von „Hochheimer", von dem es heißt, er sei der Lieblingswein von Königin Viktoria gewesen. Tatsächlich erklärte sich die Monarchin bei einem Staatsbesuch 1850 dazu bereit, einen Berg in dem hessischen Weinort Hochheim auf ihren Namen zu taufen (Königin-Viktoria-Berg). Ob, wie oft behauptet wird, auch die folgende englische Redewendung von ihr stammt, ist allerdings umstritten:

A good hock keeps off the Doc.
(Ein guter Hochheimer macht den Arzt überflüssig.)

KONSERVENNAHRUNG

Das Eindosen von Lebensmitteln kam zwar erst im Laufe des 19. Jahrhunderts auf, doch schon immer hat man versucht, Nahrung durch Einmachen und möglichst luftdichtes Verpacken zu konservieren. 1938 wurden zwei Konservendosen (eine mit Kalbfleisch, die andere mit Mohrrüben), die noch von einer Arktisexpedition aus dem Jahr 1824 stammten, zu Untersuchungszwecken geöffnet. Proben davon wurden chemisch analysiert (mit dem Kalbfleisch fütterte man außerdem Ratten und Katzen): Beide Konserven erwiesen sich als einwandfrei und hätten – zumindest theoretisch – ohne Bedenken verzehrt werden können. Dennoch wird Essen in Dosen seit jeher mit einer gewissen Verachtung behandelt, wie John Carey in seinem Buch *Hass auf die Massen: Intellektuelle 1880–1939* (1992) feststellt. Laut Carey gebrauchten etliche Schriftsteller (darunter E. M. Forster, T. S. Eliot und Graham Greene) Konservenkost als ein Attribut des Proletariats:

Im Begriffsvokabular des Intellektuellen wird Konservennahrung zum Symbol für die Massen, weil sie gegen das verstößt, was der Intellektuelle unter Natur verstanden wissen will: Sie ist mechanisch und seelenlos.

George Orwell verstieg sich sogar zu der Behauptung, der Erste Weltkrieg hätte ohne die Erfindung der Konservennahrung niemals stattfinden können. Orwell schrieb: „Es könnte sich herausstellen, dass Konservennahrung langfristig gesehen eine tödlichere Waffe ist als das Maschinengewehr." Als wollte er Careys Argument bestätigen, meinte der britische Premierminister Harold Wilson im Jahr 1962:

Wenn ich die Wahl zwischen Räucherlachs und Lachs aus der Dose hätte, nähme ich den aus der Dose. Mit Essig.

Schotts Sammelsurium Essen & Trinken

COCA-COLA-LOGOS

Der Name Coca-Cola wurde 1887 als Markenzeichen eingetragen und ist seitdem zu einem der bekanntesten Schriftzüge weltweit geworden. Nachfolgend sind einige der Logos von Coca-Cola aufgeführt, wie sie in verschiedenen Gegenden der Welt zu sehen sind.

[Somalia]

[Ägypten]

[Israel]

[Thailand]

[Frankreich]

[Japan]

[Sri Lanka · Singhalesisch]

[Taiwan]

[Marokko]

[Korea]

[China]

[Bulgarien]

[Russland]

[Pakistan]

[Äthiopien]

„Coca-Cola" und „Coke" sind eingetragene Markenzeichen der Firma Coca-Cola und mit freundlicher Erlaubnis der Firma Coca-Cola abgebildet.

WELTRAUMNAHRUNG

Im Weltraum zu speisen, ist mit einer Reihe von praktischen und kulinarischen Herausforderungen verbunden, von der Gewähr adäquater Ernährung bis zum Umgang mit Lebensmitteln in Schwerelosigkeit. Weil Gewicht und Platz beschränkt sind, liegt auf einer Shuttle-Mission der NASA die Obergrenze für Lebensmittel bei rund 1,7 kg pro Tag (0,5 kg Verpackung inklusive). Die NASA teilt die Lebensmittel, die sie auf einer Mission mitführt, in sechs Kategorien ein:

REHYDRIERBAR	*Suppen, Käsemakkaroni, Rühreier*
THERMOSTABILISIERT	*Obst, Thunfisch, Lachs, Huhn, Rindfleisch*
MITTLERE FEUCHTIGKEIT	*getrocknete Pfirsiche und Aprikosen*
NATÜRLICHE FORM	*Nüsse, Getreideriegel, Kekse*
STRAHLENBEHANDELTES FLEISCH	*Rindfleisch (zur Lagerung bei Zimmertemperatur)*
WÜRZE	*Ketchup, Senf, Pfeffersoße*

(Um der Schwerelosigkeit entgegenzuwirken, wird Salz in Wasser auf- und Pfeffer in Öl gelöst.)

NASA-Astronauten stellen bis zu fünf Monate vor dem Start aus einer Nahrungsmittelliste, der so genannten Baseline Shuttle Food List, ihre Wunschspeisekarte zusammen, die dann von einem Shuttle-Diätetiker analysiert wird, um sicherzustellen, dass es sich um eine gesunde und ausgewogene Ernährung handelt. Nicht eingerechnet in die normalen Vorräte ist eine Notration, das so genannte Safe Haven Food – Raumtemperatur-Lebensmittel, die für 22 Tage ein Minimum von 2000 Kalorien pro Person und Tag garantieren, falls irgendein Bordsystem ausfallen sollte.

BLACK VELVET & BISMARCK

Black Velvet – ein Mixgetränk aus Champagner und Guinness – wurde 1861 im Londoner Club *Brooks's* erfunden. Angeblich war es der Tod von Prinzgemahl Albert, dem Ehemann Königin Viktorias, der den Barkeeper des Clubs dazu bewog, den Champagner als Respektsbekundung „Trauer tragen" zu lassen, indem er einen Schuss Guinness hineinschüttete. Die Mischung brachte es zu großer Beliebtheit, und es heißt, sie sei das Lieblingsgetränk des „Eisernen Kanzlers" Otto von Bismarck gewesen. Andere verurteilen *Black Velvet* hingegen als schamlose Verunreinigung zweier ansonsten köstlicher Getränke.

Zubereitung: Champagner und Guinness zu gleichen Teilen mischen, indem man den Champagner vorsichtig zum Bier hinzugibt, um übermäßige Schaumbildung zu vermeiden.

Schotts Sammelsurium Essen & Trinken

SCHMECKT FAST WIE ...

Fleisch von/m	soll schmecken wie
Tapir	Rind
Puma[1]	Kalb
Sumpfkaninchen	Tapir
Nilpferd[2]	Rind
Gürteltier	Kaninchen
Wombat	Schweine
jungen Wespen[3]	Rührei
Stachelschwein	Spanferkel
Fledermaus	Rebhuhn
Löwe	Kalb
Schwan	Wild mit Fischaroma
Fuchs	Kaninchen
Biber	Schwein
Bär	..zwischen Rind und Schwein
Pferd	Rind
Känguru	Reh
Walross	Wild
Dachs	Hammel
Durian[4]	Maronen
Flughund	Wild
Termiten	grüner Salat
Flamingo	Wildente mit Fischaroma
Hund	Schwein; Lamm; Ziege
Rentier	Wild; Rind

Diese Beschreibungen beruhen auf ganz unterschiedlichen Quellen – inklusive persönlicher Erfahrungen und anekdotenhafter Berichte. Eine fruchtbare Lektüre zum Thema bot dennoch Peter Lud Simmonds' erstklassige Darstellung in *The Curiosities of Food* (1859). [1] Nach Charles Darwin, *Reise um die Welt*. [2] Portugiesischen Siedlern in Afrika war es auch während der Fastenzeit erlaubt, Flusspferdfleisch zu essen. Dies basiert auf der etwas tendenziösen kirchlichen Logik, wonach das Hippopotamus so viel Zeit im Wasser verbringt, dass man es formal als Fisch klassifizieren könne. [3] Pascal Khoo Thwee, ein Angehöriger des burmesischen Padaung-Volkes, beschrieb den Geschmack frisch geschlüpfter Wespen als „irgendwo zwischen Rührei und gegrillten Garnelen, je nachdem, wie weit sie schon entwickelt sind". [4] Dieser Vergleich stammt von Alexandre Dumas (siehe auch S. 78).

DÖNERKEBAB

Der Dönerkebab leitet sich vom türkischen *döndurmek* („sich drehen") und *kebab* („Gebratenes", „Röstfleisch") ab – bezeichnet also einen Braten am Drehspieß. Auch wenn osmanische Drehspießgerichte schon vor etwa 200 Jahren in westeuropäischen Reiseberichten erwähnt werden und sowohl Hamdi (aus Kastamonu) und Iskender (aus Bursa) als mögliche Erfinder der Fleischtasche gehandelt werden, scheint der Döner seinen Siegeszug als Schnellgericht erst in Deutschland angetreten zu haben. Einer dieser Gründungsmythen besagt, es sei der damals 16-jährige Mehmet Aygün gewesen, der im März 1971 den ersten Döner in seinem Lokal „Hasir" in Berlin verkaufte. Wie dem auch sei, heutzutage werden in Deutschland pro Tag etwa 1,15 Millionen Döner gegessen, und mit 1300 Buden (mehr als in Istanbul) ist Berlin die unumstrittene Dönerhauptstadt weltweit. Seit dem 1. Juli 1989 ist die Zusammensetzung des Fleischkegels, von denen die Kebabstreifen geschnitten werden, für Berlin durch die „Festschreibung der Berliner Verkehrsauffassung für das Fleischerzeugnis Dönerkebab" gesetzlich geregelt.

Schotts Sammelsurium Essen & Trinken

COCKTAILS

– BACHELOR'S – DREAM

½ Curaçao
½ Maraschino
¼ Crème de Violet
Verrühren und in ein Cocktailglas abseihen. Mit frischer Schlagsahne garnieren.

– DAIQUIRI – (KLASSISCH)

2 Teile Rum mit dem Saft einer Limone und einem Teelöffel Zucker im Shaker gut schütteln. Mit einer Limonenscheibe garnieren.

– LONG ISLAND – ICE TEA

¼ Triple Sec · ¾ Gin
¾ Weißer Rum
¾ Wodka · ¾ TEquila
½ Limone
¾ Orangensaft, Cola
Limone in ein Longdrinkglas mit Eis auspressen, Alkoholika hinzufügen, umrühren und mit Cola auffüllen.

– MINT JULEP –

2 ½ Esslöffel Wasser, 1 Esslöffel Zucker und 3 kleine Zweige frische Minze in ein Whiskyglas geben. Minze gut zerdrücken, um Aroma freizusetzen, und 2 ½ Teile Bourbon Whiskey hinzufügen. Glas mit zerstoßenem Eis auffüllen & mit Zucker garnieren.

– MARGARITA –

2 Tequila · 1 Triple Sec
2 Limonensaft
Mit Eis kräftig schütteln & in Glas mit Salzrand abseihen, mit Limonenscheibe garnieren.

– ADONIS –

1 ½ Sherry dry
¾ Vermouth rosso
Einen Spritzer Orangenbitter hinzufügen, verrühren, auf Eis geben und mit Orangenscheibe garnieren.

– RUSTY NAIL –

1 ½ Scotch Whisky
¾ Drambuie
Verrühren und auf Eis servieren.

– ABSINTH – COCKTAIL

1 Spritzer Angostura und einen Schuss Anisette zu
¾ Absinth dazugeben & gut schütteln.

– COSMOPOLITAN –

1 ½ Wodka
1 Cointreau
1 ½ Cranberry Saft
¼ Limonensaft
Gut schütteln, abseihen und mit Orangenscheibe garnieren.

– NEGUS –

Ein Longdrinkglas zu ⅔ mit heißem Wasser füllen. ½ Würfelzucker & 3 Teile Ruby Portwein zugeben. Verrühren und mit geriebenem Muskat bestreuen.

COCKTAILS

– SIDECAR –

1 ½ Cognac
¾ Cointreau
¾ Zitronensaft
Alles im Shaker gut schütteln, mit Eiswürfeln in ein Cocktailglas mit Zuckerrand abseihen & mit Zitronenscheibe garnieren.

– WHISKY SOUR –
Einen Teelöffel Zucker und den Saft einer ½ Zitrone zu 1 Teil Rye oder Bourbon Whiskey zugeben. Schütteln und in ein Whiskyglas abseihen.

– SEABREEZE –

2 Wodka
2 Cranberrysaft
1 Grapefruitsaft
Kräftig schütteln und mit Eis in Longdrinkglas abseihen.

– MOJITO –
Eine Hand voll frische Minzeblätter in ein Longdrinkglas geben und 1 Teelöffel Zuckersirup hinzufügen. Minze und Zucker kräftig zerstampfen. Den Saft einer ½ Limone & 2 Teile weißen Rum dazugeben. Mit Sodawasser auffüllen und mit Minze garnieren.

– KAMIKAZE –

2 Wodka
½ Triple Sec
1 Teelöffel Limonensaft hinzugeben, mit Eis schütteln und abseihen.

– BELLINI –
Frische weiße Pfirsiche schälen, pürieren und durchsieben. 3 Teile Pfirsichsaft mit 1 Teil Champagner oder Prosecco verrühren. (Manche fügen noch einen Schuss Weinbrand hinzu.) Gekühlt servieren.

– SINGAPORE SLING –

¼ Dry Gin
½ Kirschlikör
Den Saft einer ¼ Zitrone dazugeben, mit Eis schütteln & in Longdrinkglas abseihen, mit Sodawasser auffüllen.

– CHAMPAGNER COCKTAIL
Ein Stück Würfelzucker in eine Champagnerflöte geben und mit Angostura beträufeln. Mit gekühltem Champagner auffüllen & mit einem hauchdünnen Streifen Orangenschale garnieren.

– B52 –

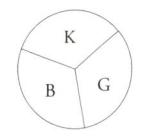

2 Kaluah · 2 Baileys
2 Grand Marnier
Zutaten vorsichtig in ein Whiskyglas geben.

Eine Maßeinheit beträgt 25 ml. Meist existieren unterschiedliche Varianten.

EINIGE FACHBEGRIFFE DER THAI-KÜCHE

Gaeng	Curry
Tom	gekocht (z. B. Suppe)
Khao suay	gedämpfter Reis
Khao phat	gebratener Reis
Khao niao	klebriger Reis
Nüa wua	Rindfleisch
Muu	Schweinefleisch
Gai	Huhn
Khai	Ei
Ga-ti	Kokosmilch
Plaa	Fisch
Phet	scharf gewürzt
Phat	pfannengerührt
Phrik	Chili
Kung	Garnelen/Shrimps
Guai tiau	Nudeln
Ma-nao	Limette
Yam	Salat
Si-iew	Sojasoße
Khing	Ingwer

ESSENSZEITEN FÜR MÖNCHE

Aus der *Regel des heiligen Benedikt* (um 535)

CAPUT XLI · *Quibus horis oporteat reficere Fratres*
(Kapitel 41 Zu welchen Zeiten die Brüder ihre Mahlzeiten einnehmen sollten)

1. Vom heiligen Osterfest bis Pfingsten halten die Brüder zur sechsten Stunde die Hauptmahlzeit und nehmen am Abend eine Stärkung zu sich.

2. Doch von Pfingsten an sollen die Mönche während des ganzen Sommers am Mittwoch und Freitag bis zur neunten Stunde fasten, wenn sie keine Feldarbeit haben und die Sommerhitze nicht zu sehr drückt.

3. An den übrigen Tagen nehmen sie die Hauptmahlzeit zur sechsten Stunde ein.

4. Die sechste Stunde für die Hauptmahlzeit wird auch beibehalten, wenn die Brüder auf dem Feld arbeiten oder die Sommerhitze unerträglich ist; der Abt sorge dafür.

5. Überhaupt regle und ordne er alles so, dass es den Brüdern zum Heil dient und sie ohne einen berechtigten Grund zum Murren ihre Arbeit tun können.

6. Vom September bis zum Beginn der Fastenzeit essen sie nur zur neunten Stunde.

7. Vom Beginn der Fastenzeit bis Ostern halten sie die Mahlzeit erst am Abend.

8. Die Vesper aber wird so angesetzt, dass man bei Tisch kein Lampenlicht braucht. Vielmehr muss alles noch bei Tageslicht fertig werden.

9. Auch zu anderen Jahreszeiten werde die Stunde für das Abendessen oder für die Hauptmahlzeit so gewählt, dass alles bei Tageslicht geschehen kann.

— APHRODISIAKA UND ANTI-APHRODISIAKA —

Seit Jahrhunderten schon suchen Männer und Frauen nach Aphrodisiaka und Anti-Aphrodisiaka, und hierfür wurden, wie John Davenport 1859 in seinem Essay *Aphrodisiacs & Anti-Aphrodisiacs* schrieb,

> ... *die pflanzlichen, tierischen und mineralen Reiche ausgeplündert zum Zwecke des Aufspürens von Arzneien, die geeignet sind, den Genitalapparat zu stärken und ihn zum Handeln zu animieren.*

Erwähnenswert sind Orchideen (*orchis* ist das griechische Wort für Hoden), Blaubeeren, Schneeglöckchen, Sellerie, Rebhuhnhirn (zu Pulver verdrückt und mit Rotwein geschluckt) und Trüffeln (die Georg IV. so sehr schätzte, dass er seine Botschafter in Europa anwies, alle erstklassigen Exemplare per Staatsboten an die königliche Küche zu liefern). Meeresfrüchte sind auf der Hitliste der Aphrodisiaka prominent vertreten. Die Wirkung von Austern war schon zu Juvenals Zeiten berüchtigt, doch auch Hummer, Krebse, Seeigel und Tintenfisch haben ihre Fürsprecher. Augenscheinlich hatten die alten Römer eine besondere Leidenschaft für Liebestränke: Offen auf Roms Straßen verkauft wurden Mittelchen wie Froschbeine, getrocknetes Knochenmark und abgeschnittene Fingernägel. Auch Pilze standen, angeregt durch Martials Verse, hoch im Kurs:

> *Wenn beneidenswertes Alter löst den ehelichen Knoten,*
> *dann ist der Genuss von Pilzen und mehr noch von Schalotten geboten.*

Viele Menschen sind glühende Anhänger von Aphrodisiaka, was aber noch lange nicht bedeutet, dass jedermann sie gutheißt. Im 17. Jahrhundert war es bestimmten Mönchsorden verboten, Schokolade zu essen oder zu trinken, aus Furcht vor ihrer stimulierenden Wirkung. Ein altes venezianisches Gesetz (Cap. XIV: *Dei maleficii et herbarie*) erklärte die Gabe von Liebestränken zu einem schweren Verbrechen. Auch wenn man den Eindruck haben könnte, dass alles und jedes irgendwann einmal als Aphrodisiakum eingestuft worden sei, gibt es doch eine Anzahl von Mitteln, die „wirkungsvoll zur Anwendung gebracht werden können, um eine allzu heftige Neigung zur Fleischeslust zu mäßigen oder doch wenigstens in Schach zu halten". Kopfsalat, Gurken, Endivien, Zitronen, Sauerampfer, Kampfer und Milch wurden aufgrund ihrer abkühlenden Eigenschaften als Anti-Aphrodisiaka angesehen. Falls sie sich als wirkungslos erwiesen, rieten sowohl Platon als auch Aristoteles, man solle barfuß gehen, um die fleischlichen Gelüste im Zaum zu halten. John Davenport empfiehlt das Studium der Mathematik („zu allen Zeiten zeigten Mathematiker eine geringe Neigung zur Liebe") und verweist auf etwas, das selbstverständlich erscheint, nämlich dass Lepra eine antiaphrodisische Wirkung hat.

Schotts Sammelsurium Essen & Trinken

McDONALD'S WELTWEIT

McDonald's betreibt mehr als 30 000 Restaurants in 121 Ländern und Regionen der Welt:

Ägypten · Andorra · Antillen · Argentinien · Aruba · Aserbaidschan
Australien · Bahamas · Bahrain · Belgien · Bermuda · Bolivien
Brasilien · Brunei · Bulgarien · Chile · China · Costa Rica
Dänemark · Deutschland · Dominikanische Republik · El Salvador
Estland · Equador · Fidschi-Inseln · Finnland [mit der ersten McDonald's-Filiale innerhalb des Polarkreises; eröffnet 1997] · Frankreich · Georgien
Gibraltar · Griechenland · Großbritannien · Guadeloupe Inseln · Guam
Guatemala · Guyana · Honduras · Indien [wo der „Maharaja Mac" aus Hammelfleisch serviert wird] · Indonesien · Irland [wo es zum St. Patrick's Day den „Shamrock Shake" gibt] · Island · Israel [wo man nur koscheres Fleisch bekommt; 7 Restaurants servieren ausschließlich koschere Gerichte] · Italien
Jamaika · Japan [wo der „Teriyaki McBurger" auf der Karte steht] · Jordanien
Jungferninseln · Kanada · Katar · Kolumbien · Korea [wo es den „Bulgogi Burger" mit Schweinefleisch gibt] · Kroatien · Kuba · Kuwait · Lettland
Libanon · Liechtenstein · Litauen · Luxemburg · Macao
Malaysia · Malta · Martinique · Mauritius · Mazedonien · Mexiko
Moldawien · Monaco · Marokko · Niederlande [wo der ganz besondere „McKroket" serviert wird] · Neukaledonien · Neuseeland [wo der „Kiwiburger" auf der Karte steht] · Nicaragua · Norwegen · Österreich · Oman
Pakistan · Panama · Paraguay · Peru · Philippinen [wo es den „McSpaghetti" gibt] · Polen · Portugal · Puerto Rico · Réunion · Rumänien
Russland [der McDonald's am Moskauer Puschkin-Platz ist der bestbesuchte weltweit] · Saipan · Samoa · San Marino · St. Martin Inseln
Saudi-Arabien · Schweiz [wo ein „Vegi Mac" serviert wird]
Serbien-Montenegro · Singapur · Slowakei · Tahiti · Taiwan · Thailand [wo es den „Samurai Pork Burger" gibt] · Trinidad · Tschechien · Türkei
Ukraine · Ungarn [erste Filiale eröffnet 1998] · USA · Uruguay · Venezuela
Vereinigte Arabische Emirate · Weißrussland · West Samoa · Zypern

EINIGE GASTRONOMISCHE EINRICHTUNGEN IN FINNLAND

Baari	Imbiss, meist ohne Alkoholausschank
Grilli	einfaches Lokal, beliebt für Mittagessen
Kahvila	Café oder Snackbar, meist mit Kuchen und Gebäck
Kahvio	Cafeteria mit Selbstbedienung
Krouvi	kleines Restaurant
Ravintola	Restaurant
Yökhero	Nachtclub

Schotts Sammelsurium Essen & Trinken

EINIGE FACHBEGRIFFE DER GRIECHISCHEN KÜCHE

Avgolemono . . *Ei- und Zitronensoße*
Baklava . . . . *Blätterteig mit Nüssen & Honig*
Dolmadakia . . . *gefüllte Weinblätter*
Feta . . . . *Schafskäse*
Giouvetsi . . . . *Lammeintopf*
Horta . . . . *Löwenzahn mit Öl & Zitrone*
Kalamarakia . . . . *Tintenfisch*
Kourabiedes . . . . . . *Mürbeteiggebäck*
Mezedes . . . . *Vorspeisen*
Mousaka . . . . *Auberginenauflauf*
Karpousi . . . . *Wassermelone*
Psomi . . . . *Brot*

Psaria . . . . *Fisch*
Rigani . . . . *Oregano*
Risogalo . . . . *Reispudding mit Zimt*
Skordalia . . . . *Knoblauchpaste*
Souvlakia . . . . *Fleischspieß*
Spanakopita . . . . *Spinat-Blätterteigpastete*
Tahini . . . . *Sesampaste*
Taramosalata . . . . *Fischrogenpaste*
Tiropita . . . . *Schafskäse-Blätterteigpastete*
Tzatziki . . . . . . *Joghurt mit Gurke & Knoblauch*
Xifias . . . . *Schwertfisch*

CHÂTEAU MOUTON ROTHSCHILD-ETIKETTEN

1924 revolutionierte Baron Philippe de Rothschild das Aussehen von Weinflaschen, indem er den berühmten Plakatdesigner Jean Carlu beauftragte, ein Etikett für die Flaschen seines neuen Jahrgangs zu entwerfen. 21 Jahre später, nach der Befreiung Frankreichs, wurden die Etiketten mit einem von Philippe Jullian gestalteten „V für Victory"-Zeichen versehen – und eine alljährliche Tradition war geboren. Seit 1945 hat sich eine illustre Riege weltberühmter Künstler an der Gestaltung der Etiketten von Mouton Rothschild-Weinen versucht, darunter:

1947 . . . . Jean Cocteau
1955 . . . . Georges Braque
1958 . . . . Salvador Dalí
1964 . . . . Henry Moore
1969 . . . . Joan Miró
1971 . . . . Wassili Kandinsky

1973 . . . . Pablo Picasso
1974 . . . . Robert Motherwell
1975 . . . . Andy Warhol
1988 . . . . Keith Haring
1993 . . . . Balthus[†]
1999 . . . . Raymond Savignac

[†] Bei dem von Balthus (Balthazar Klossowski de Rola) entworfenen Etikett handelte es sich um eine Bleistiftzeichnung, die ein nacktes junges Mädchen zeigt. Das Etikett wurde zunächst von der amerikanischen Genehmigungsbehörde für Alkohol, Tabak und Feuerwaffen (BATF), deren Zuständigkeit sich auch auf die Gestaltung und Beschriftung von Weinflaschenetiketten erstreckt, ohne Beanstandung zugelassen. Nach Beschwerden einer kalifornischen Frauenrechtsgruppe (des „Sexual Assault Response Team") bat Mouton Rothschild jedoch selbst die BATF darum, die Lizenz zu widerrufen, und belieferte den US-Markt ausschließlich mit Flaschen, auf denen statt Balthus' Illustration nur eine leere Fläche zu sehen war. (Originalflaschen mit Balthus' Zeichnung erzielen bei Sammlern mittlerweile Höchstpreise.)

UMRECHNUNG VON TEMPERATUREN

°Celsius in Fahrenheit .... multipliziere mit 1,8 und addiere 32
°Fahrenheit in °Celsius .... subtrahiere 32 und teile durch 1,8
Ungefähre Umkehrwerte .... 16 °C = 61 °F ..... 28 °C = 82 °F
Siedepunkt von Wasser .... 100 °C; 212 °F; 80 °Reaumur; 373,1 Kelvin
Gefrierpunkt von Wasser .... 0 °C; 32 °F; 0 °Reaumur; 273,1 Kelvin

SWIFT ÜBER BLÄHUNGEN (I)

Eine kuriose Flugschrift, die 1722 in London unter Pseudonym veröffentlicht wurde, enthält eine aberwitzige Abhandlung über die vielseitigen Vorzüge der zwanglosen Flatulenz von Frauen. Der Autor ist mit ziemlicher Sicherheit der scharfzüngige Verfasser von *Gullivers Reisen*, Jonathan Swift (1667–1745). Die Titelseite des Pamphlets, das bereits 1738 in deutscher Übersetzung vorlag, liest sich folgendermaßen:

Die Wohltat des F*****S erkläret
oder die
FUNDAMENTAL-URSACHE
der Krankheiten, denen das schöne Geschlecht so sehr unterworfen zu sein pfleget, untersuchet: Wo a posteriori bewiesen wird, dass die meisten innerlichen Beschwerungen, so ihnen anhängen, solchen Flatulenzen und Blähungen, denen nicht zur rechten Zeit Luft gemacht wird, zuzuschreiben sind.

In spanischer Sprache abgefasset von *Don Fartinado Puff-indorfi Professor Bumbast* auf der Universität Crackau
UND
auf Verlangen und zum Gebrauch der Lady Dampfard von *Her-fart-Shire*, ins Englische übersetzt
DURCH
Obedia Fizzle, Groom of the Stool bei der Prinzessin von *Arsimini in Sardinia*.

Nun aber dem Deutschen Frauenzimmer, (so kein Holländisch verstehet) zum Besten, auch ihrer Frau-Mutter-Sprache anvertrauhet,
von
Flatulent Puffendorff
geheimem Kammerdiener und Flöh-Fänger der Gräfin von Seufzer-Hahn in Hinter-Pommern.

[Langfart (Longford) in Irland, bei Simon Bumbubbard,
in der Wind-Mühle der Quatscher-Straße gegenüber 1738.]

Schotts Sammelsurium Essen & Trinken

KANTEN, RANFT UND MUGGL

Wohl kaum ein anderer Gegenstand wird in der deutschen Sprache mit so vielen verschiedenen Namen bedacht wie die Brotkante bzw. der Anschnitt oder das Endstück eines Brotlaibs. Dabei gibt es Regionen, die brotendenspezifisch eher homogen erscheinen, wie etwa beim norddeutschen „Knust", während die Bezeichnung in anderen Gegenden mitunter von Dorf zu Dorf variiert. Nachfolgend einige Beispiele samt einer groben geographischen Zuordnung:

Knust/Knuß (Norddeutschland)
Kapp/Knapp/Knäppchen (Nordwesten)
Kruste/Krüstchen/Kuorsch (Rheinland)
Knüsje (Köln)
Knüstchen/Krüstchen/Knäuschen/Knöppsche (Hessen)
Kanten (Ostdeutschland)
Ranft/Ränftel/Ränftchen (Sachsen)
Knorz/Knärzel/Knörzel/Knorze (Pfalz)
Knäusle/Riebele (Schwaben)
Knetzla (Mittelfranken)
Köpple (Unterfranken)
Ränkele/Ragges (Schwäbische Alp, Bodensee)
Scherz/Scherzl (Bayern, Österreich)
Muggl (Wien)
Kipfel (Oberer Lech)
Gaualer (Vorarlberg)
Gupf/Zipfel (Nordschweiz)
Mürggel/Murk (Westschweiz)

ORGANISIERTE ABSTINENZ

Im deutschen Kaiserreich kam es zu einem regelrechten Boom von z. T. heftig konkurrierenden Organisationen, die sich allesamt der Aufgabe verschrieben hatten, die „Branntweinpest" unter dem neu entstandenen Industrieproletariat zu bekämpfen. Hier einige mehr oder weniger skurrile Beispiele:

Deutscher Verein gegen den Missbrauch geistiger Getränke (DVMG)
Großloge Deutschlands des Internationalen Guttemplerordens (IOGT)
Deutscher Arbeiter-Abstinentenbund (DABB) · Bund abstinenter Frauen
Deutscher Alkoholgegnerbund · Blaues Kreuz · Die abstinenten Turner
Verein abstinenter Studenten · Verein abstinenter Katholiken
Die abstinenten Schachspieler · Weltbund abstinenter Priester
Württembergischer Verein enthaltsamer Verkehrsbeamter

ERDBEEREN, SCHLAGSAHNE & ETON MESS

Es ist wäre wohl vermessen, die traditionelle Kombination von Erdbeeren und Schlagsahne übertreffen zu wollen, doch haben es einige versucht. In Spanien isst man Erdbeeren oft mit Orangensaft und -schale, andere nehmen Zitronensaft, Kirschwasser oder frisch gemahlenen Pfeffer. Ludwig XIV. war der Ansicht, Sahne sei als Beilage nicht männlich genug, und aß sein Erdbeeren stattdessen mit Wein. (Thomas Hyall schrieb im Jahr 1592, dass dies in England allgemein üblich sei, und Erdbeeren gern und viel von Männern gegessen wurden – „…mit Wein und Zucker".) Manche Liebhaber benutzen eine Gabel, um die Erdbeeren vor dem Essen zu zerdrücken: offenbar eine Tradition aus Cambridge, die nun in Oxford praktiziert wird.

Eton Mess ist ein Nachtisch, der einst traditionell in der berühmten Privatschule in Windsor, England serviert wurde und in der Tat sehr einfach zuzubereiten ist: Man weicht klein geschnittene Erdbeeren in Kirschwasser ein und vermengt sie recht unelegant mit Schlagsahne und zerdrücktem Baiser. Serviert wird das Gemisch mit ganzen Erdbeeren und Minzeblättern. (Die Erdbeeren können durch Bananen ersetzt werden; Kirschwasser und Baiser sind optional.)

EISWEIN

Die für Eiswein verwendeten Trauben müssen bei Lese und Kelterung gefroren sein. Sie verbleiben bis zur Durchfrostung am Weinstock, werden bei ca. –7 °C gepflückt und dann sofort verarbeitet. Dadurch wird eine sehr hohe Konzentration des natürlichen Zuckergehalts erreicht, der in Kombination mit einer hohen Säure für den Eiswein charakteristisch ist.

WEINFASS-GRÖSSEN

Heutzutage fermentiert, reift und lagert Wein in Gefäßen aus den unterschiedlichsten Materialien, von Beton bis Edelstahl. Traditionell wurde Wein jedoch in Holzfässern aufbewahrt, und es gab ein komplexes Klassifikationssystem verschiedener Fassgrößen:

Name	Liter
Barrique bordelaise (Bordeaux)	225
Tonneau (Bordeaux)	900
Pièce (Burgunder)	228
Feuillette (Chablis)	132
Cognacfass	350
Champagnerfass	205
Demi-muid (Châteauneuf-du-Pape)	600
Fuder (Mosel)	1000
Stück (Rhein)	1200
Halbstück (Rhein)	600
Barricas bordelesas (Spanien)	225
Caratelli (Vin Santo, Italien)	versch.
Quartaut	57
Gönci (Tokaj, Ungarn)	136

FAVISMUS

Der Favismus, auch „Bohnenkrankheit" genannt, ist eine recht seltene Erkrankung, die durch den Genuss von – oder den Kontakt mit – Fababohnen (*Vicia faba*) ausgelöst wird. Der Favismus ist eine genetische Disposition (vorherrschend bei Männern), die auf einem Mangel des Glukose-6-Phosphat-Dehydrogenase-Enzyms in den roten Blutkörperchen beruht. Bricht die Krankheit aus, kommt es zur Zerstörung dieser Blutkörperchen, was akute Anämie zur Folge hat. Bekanntermaßen drängte bereits Pythagoras seine Schüler, sich der Bohnen zu enthalten („*A fabis abstinete!*"), wenngleich nicht klar ist, ob er sich des Risikos der Bohnenkrankheit bewusst war.

SAKE

Sake – in Japan auch ein Oberbegriff für alkoholische Getränke – ist ein aus Reis hergestellter Wein, der in Japan selbst gemeinhin unter *seishu* oder *nihonshu* bekannt ist. *Sake* wurde in Japan zum ersten Mal um 300 v. Chr. gebraut und ist seither (trotz gelegentlicher Gesetze, die Herstellung und Genuss desselben verbieten) ein genuiner Bestandteil der japanischen Kultur und Küche. In Japan wird eine große Bandbreite von Sake produziert, vom höchst edlen *ginjoshu* über verschiedene Sorten von *jizake*, der lokalen Abart, bis hin zum selbst gebrauten *doburoku*. Außerdem ist *Sake* erhältlich in den Varianten süß (*amakuchi*), trocken (*karakuchi*), kohlensäurehaltig oder naturbelassen (*nigorizake*) – mit einer ganzen Palette von Geschmacksrichtungen, um der Vielfalt von Traubenwein Paroli bieten zu können. Eine Zeit lang wurde darüber diskutiert, bei welcher Temperatur *Sake* serviert werden sollte. Traditionell wurde *Sake* meist warm getrunken – und hierfür in einer Tonflasche (*tokkuri*) auf etwa 50 °C erhitzt. Mit steigender Qualität kam offenbar die Mode auf, *Sake* gekühlt zu genießen. Zumindest für das Publikum in der westlichen Welt wurde die Temperatur, mit der Sake serviert werden sollte, durch James Bond in *Man lebt nur zweimal* unsterblich gemacht:

„Mögen Sie japanischen Sake, Mr Bond?
Oder ziehen Sie einen Wodka Martini vor?"
Tiger Tanaka

„Nein, nein, ich mag Sake, besonders wenn er mit der richtigen Temperatur serviert wird – 98,4 Grad Fahrenheit – wie dieser hier."
James Bond

„Für einen Europäer sind Sie außergewöhnlich kultiviert."
Tiger Tanaka

──── GEFÄHRLICHE GERICHTE & GETRÄNKE ────

GABRIELLE D'ESTRÉES (1573–1599) Mätresse Heinrichs des IV. von Frankreich, die, als ihre Scheidung bereits eingeleitet war, nach dem Essen einer ORANGE plötzlich verstarb.

FRANCIS BACON (1561–1626) · starb an einer Lungenentzündung, die er sich einfing, als er im Rahmen seiner Kälteversuche ein HUHN mit Schnee ausstopfte.

ANAKREON (um 570–485 v. Chr.) Griechischer Lyriker, der am Kern einer WEINTRAUBE erstickte.

TYCHO BRAHE (1546–1601) · Es heißt, der dänische Astronom sei an einer überdehnten Harnblase gestorben, nachdem er bei einem Essen mit dem Baron von Rosenberg zu viel WEIN getrunken hatte. Anscheinend befürchtete Brahe so sehr, gegen die Tischetikette zu verstoßen, dass er sich nicht von seinem Platz erhob.

GEORGE W. BUSH · 43. Präsident der USA, verlor am 13. Januar 2002 um 17.35 Uhr für einige Sekunden das Bewusstsein, nachdem er sich an einer BREZEL verschluckt hatte.

AGATHOKLES VON SYRAKUS (361–289 v. Chr.) · Tyrann von Sizilien, von dem überliefert ist, dass er im Jahr 289 v. Chr. durch ein langsam wirkendes Gift umgebracht wurde, das ihm sein Lieblingssklave in einem ZAHNSTOCHER verabreichte.

COLMAN ITADACH · Der „Durstige Mönch", der sich in strikter Befolgung der Regel des heiligen Patrick weigerte, während der Feldarbeit Wasser zu sich zu nehmen – und vor DURST umkam.

BUDDHA (563–483 v. Chr.) · Der Vater des Buddhismus starb angeblich an einer Lebensmittelvergiftung. Seine letzte Mahlzeit, von seinen Anhängern zubereitet, sollen *Sukaramaddavam* – TRÜFFELN gewesen sein.

MAMA CASS (1941–1974) · legendäre Frontfrau der Mamas & Papas, die angeblich an einem SCHINKENSANDWICH erstickte.

KÖNIG JOHANN VON ENGLAND (1167–1216) · Es wird oft behauptet, König Johann „Ohneland" habe sich an BRICKEN (einer Fischart) übergessen. Wahrscheinlicher ist jedoch, dass er an der Ruhr verschied. In seinem *König Johann* lässt Shakespeare ihn indes vergiften: „In mir ist eine Hölle, und das Gift / ist eingesperrt da, wie ein böser Feind, / Um rettungslos verdammtes Blut zu quälen."

A. MANLIUS TORQUATUS · Römischer Konsul, den Plinius in seine Liste „angenehmer Todesarten" aufnahm, weil er in dem Moment starb, „als er bei der Tafel nach dem KUCHEN griff – ein wahrhaft süßer Tod".

[Siehe auch Vatel, S. 101; Fugu, S. 138; Giftpilze, S. 142]

NOTVORRAT

Das Bundesministerium für Verbraucherschutz, Ernährung und Landwirtschaft empfiehlt, für Not- und Krisensituationen stets einen Nahrungsvorrat für 14 Tage im Haus zu haben. Bei einem Bedarf von 2000 kcal pro Tag besteht dieser aus 9,5 kg Nahrung und 24 l Flüssigkeit pro Person. Neben Reis, Mehl, Kartoffeln, Gemüse-, Fisch- und Fleischkonserven wird auch die Lagerung von Eiern und Käse, Keksen, Rosinen, Knoblauch und sogar von Salzstangen und „Baby-Salamis" angeraten.

VÖLLEREI

Es sei einmal gesagt, dass von allen Todsünden, die die Menschen begehen können, die fünfte diejenige zu sein scheint, die ihnen im geringsten Maße das Gewissen belastet und am wenigsten Reue bereitet.

— GRIMOD DE LA REYNIÈRE

Völlerei (früher „Füllerei") ist eine abwertende Bezeichnung für unmäßiges Essen und Trinken – und eine der Sieben Todsünden. Der heilige Thomas von Aquin beschrieb fünf Arten, diese Sünde zu begehen:

praepropere	indem man zu früh isst
laute	indem man zu teuer isst
nimis	indem man zu viel isst
ardenter	indem man zu eifrig isst
studiose	indem man zu wählerisch isst

Aristoteles berichtet von einem gewissen Philoxenos, der davon träumte, den Hals eines Kranichs zu besitzen. So könne er das Essen länger genießen, bevor es seinen Magen erreicht.

DER IMAM FIEL IN OHNMACHT

Der Name des türkischen Gerichts *Imam Bayildi* – mit Zwiebeln, Knoblauch und Tomaten gefüllte und in Olivenöl gekochte Auberginen – bedeutet so viel wie „Der Imam fiel in Ohnmacht". Es kursieren unzählige Geschichten, um diese eigentümliche Bezeichnung zu erklären. So leiten einige die Ohnmacht des Geistlichen vom köstlichen Duft und Geschmack des Gerichts her, während andere meinen, der Imam breche zusammen, weil er erfährt, wie teuer die Mengen von Olivenöl waren, die man für die Speise benötigt.

HAUSHALTSTIPPS

Es gibt unzählige Haushaltsratgeber mit unzähligen Tipps für die ehrgeizige Hausfrau. *Die 1000fache Fundgrube*, eine Broschüre aus den 1920er Jahren, erteilt u. a. folgende Ratschläge:

Küchenschrankgeruch wird beseitigt durch Ausstreuen von Kaffeesatz.

Alte Kartoffeln werden schmackhafter, wenn man zu dem Kochwasser etwas Essig gibt.

Eier platzen nicht beim Kochen, wenn man etwas Salz in das Wasser tut.

Zitronen- und Apfelsinenschalen nicht fortwerfen! Getrocknet ergeben sie vorzügliche Feueranzünder.

Mandeln springen nicht fort beim Hacken, wenn Sie etwas Zucker unterstreuen.

Leicht verderbliche Flüssigkeiten, die nicht ganz aufgebraucht werden, füllt man in eine Flasche und verschließt diese fest mit einem durch warmes Wasser gezogenem Gelatineblättchen. Dieser Verschluss ist luftdicht.

Kartoffelpuffer sind leicht verdaulich, wenn man dem Teig etwas Backpulver beifügt.

Bohnenkaffee schmeckt besonders gut, wenn man eine Messerspitze Kakao zusetzt.

Salate jeder Art schmecken besser, wenn man ihnen zerlassene Butter statt Öl zugibt.

Altes Backfett wird wieder frisch, wenn man es mit einer kleinen geschälten rohen Kartoffel leicht aufkocht. Diese zieht den Geschmack aus dem Fett.

Anbrennen von Milch wird vermieden, wenn man den Kochtopf vorher gut mit kaltem Wasser ausspült.

Kakao hemmt den Stoffwechsel nicht, wenn man ihn mit Wasser kocht und etwas Zitronensaft zugibt.

Wenn man einmal zu tief ins Salzfass gegriffen hat, kann man das Gericht durch ein Stückchen Naturschwamm, der das Salz aufsaugt, meist noch retten.

Ranzige Butter wird wieder schmackhaft, wenn man sie mehrmals mit Natronwasser durchknetet. Das Wasser muss jedes Mal erneuert werden.

Wurst bleibt auch angeschnitten frisch, wenn man die Schnittfläche mit Schweineschmalz bestreicht. Das Schmalz kann wieder verwendet werden.

Gurkensalat verträgt jeder, wenn man die geschälte Gurke mit kochendem Wasser abbrüht, mit kaltem Wasser abschreckt und dann erst schneidet.

MIREPOIX

Mirepoix ist eine Mischung verschiedener gewürfelter Gemüsesorten (in der Regel Sellerie, Zwiebeln, Möhren), zuweilen auch mit Fleischeinlage (Schinken oder Speck), die man – kurz angebraten – als Garnitur oder zum Würzen von Soßen verwendet. Benannt wurde das schmackhafte Röstgemüse vermutlich im 18. Jahrhundert nach dem französischen Botschafter in England, Charles de Lévis, duc de Mirepoix.

REINHEITSGEBOT

Das bayerische Reinheitsgebot für Bier gilt als eines der ältesten Lebensmittelgesetze weltweit.[†] Im April 1516 ließ Herzog Wilhelm IV. verkünden:

WIE DAS BIER IM SOMMER UND WINTER
AUF DEM LAND AUSGESCHENKT UND GEBRAUT WERDEN SOLL

Wir verordnen, setzen und wollen mit dem Rat unserer Landschaft, dass forthin überall im Fürstentum Bayern sowohl auf dem Lande wie auch in unseren Städten und Märkten, die keine besondere Ordnung dafür haben, von Michaeli bis Georgi ein Maß [= 1,069 l] *oder ein Kopf* [halbkugelförmiges Gefäß = nicht ganz eine Maß] *Bier für nicht mehr als einen Pfennig Münchener Währung und von Georgi bis Michaeli die Maß für nicht mehr als zwei Pfennig derselben Währung, der Kopf für nicht mehr als drei Heller* [Heller = ein halber Pfennig] *bei Androhung unten angeführter Strafe gegeben und ausgeschenkt werden soll. Wo aber einer nicht Märzen-, sondern anderes Bier brauen oder sonstwie haben würde, soll er es keineswegs höher als um einen Pfennig die Maß ausschenken und verkaufen. Ganz besonders wollen wir, dass forthin allenthalben in unseren Städten, Märkten und auf dem Lande zu keinem Bier mehr Stücke als allein Gersten, Hopfen und Wasser verwendet und gebraucht werden sollen. Wer diese unsere Anordnung wissentlich übertritt und nicht einhält, dem soll von seiner Gerichtsobrigkeit zur Strafe dieses Fass Bier, so oft es vorkommt, unnachsichtlich weggenommen werden. Wo jedoch ein Gauwirt von einem Bierbräu in unseren Städten, Märkten oder auf dem Lande einen, zwei oder drei Eimer* [= 60 Maß] *Bier kauft und wieder ausschenkt an das gemeine Bauernvolk, soll ihm allein und sonst niemandem erlaubt und unverboten sein, die Maß oder den Kopf Bier um einen Heller teurer als oben vorgeschrieben ist, zu geben und auszuschenken.*

Gegeben von Wilhelm IV.
Herzog in Bayern am Georgitag zu Ingolstadt Anno 1516

[†] Seit 1952 regelt das „Deutsche Biersteuergesetz" (§ 9) die ausschließliche Verwendung von Malz, Hopfen, Hefe und Wasser zur Herstellung von deutschem Bier.

TOBLERONE-GIPFEL

Jede Packung Toblerone-Schokolade hat eine festgelegte Anzahl von Gipfeln:

Größe	Gipfel
mini	3
35 g	9

50 g	11
75 g	11
100 g (& 4,5 kg)	12

200 g	15
400 g	15
750 g	17

GICHT

Gicht ist eine Stoffwechselerkrankung, die sich vorwiegend in schmerzhaften Gelenkentzündungen äußert – das erste Anzeichen der Krankheit ist meist ein heftiger Schmerz im inneren Gelenk des großen Zehs. Hervorgerufen wird die Gicht durch die Einlagerung von Harnsäurekristallen in den Gelenken, und sie befällt vor allem Männer ab 40 Jahre. Der Ursprung des Wortes „Gicht" ist allerdings umstritten. Einige behaupten, es gehe auf das Althochdeutsche *jiht* zurück, was sich mit „Beschwörung" oder „Zauberspruch" übersetzen lässt. Da man lange Zeit dachte, Krankheiten würden durch Hexerei ausgelöst, handelt es sich bei der Gicht anscheinend um ein Gebrechen, das man auf eine Verwünschung zurückführte. Später galt die Gicht jedoch vornehmlich als Luxuskrankheit, die die Wohlhabenden und Adligen heimsucht, weil sich diese übermäßig und ungesund ernährten. In *Des Teufels Wörterbuch* (1906) definiert Ambrose Bierce die Gicht deshalb als „ärztliche Bezeichnung für das Rheuma eines reichen Patienten". Obwohl Alkohol, fettreiches Essen und häufiges Sitzen die Symptome durchaus verschlimmern, scheint es, dass die Gicht grundlegend auf einer ererbten biochemischen Störung beruht, denn offensichtlich sind Abstinenzler und Vegetarier gleichermaßen betroffen. Neuere wissenschaftliche Studien empfehlen den Genuss von Kirschen, um Gichtanfällen vorzubeugen.

Als ein Weinhändler Lord Chesterfield eine Flasche Sherry überbringen ließ, von der er behauptete, sie könne Gicht heilen, antwortete Seine Lordschaft mit folgender Mitteilung:

Sir, ich habe Ihren Sherry probiert und habe mich
für die Gicht entschieden.

ALLEIN ESSEN

Allein zu essen ist für einen philosophierenden Gelehrten ungesund.

— IMMANUEL KANT, 1798

EINIGE FACHBEGRIFFE DER FRANZÖSISCHEN KÜCHE

BEZEICHNUNG	TYPISCHE ZUTATEN
À l'Africaine	Auberginen, Kartoffeln, Gurke, Zucchini
À l'Algérienne	Süßkartoffel-Kroketten, Tomaten, Knoblauch
À l'Alsacienne	Sauerkraut, Schinken, Speck, Straßburger Würstchen
À l'Anversoise	Hopfenspargel in Butter oder Sahne
À la Basquaise	Schinken, Steinpilze, Kartoffeln
À la Beauharnais	Artischocken, gefüllte Pilze, Estragon
À la Biarrotte	Steinpilze, Kartoffelpuffer
À la Boulangère	dünn geschnittene Kartoffeln, Zwiebeln, Brühe, Butter
À la Bourguignonne	Wein, Schalotten, Pilze, Speck
À la Brabanconne	Rosenkohl, Hopfen oder Schikoree
À la Bretonne	weiße Bohnen
À la Catalane	Auberginen, Tomaten, Reis (variiert)
À la Châtelaine	Artischockenherzen, Maronen, pürierte Zwiebeln, Sahne
À la Chilienne	Reis, Peperoni
À la Conti	pürierte Linsen, Schinkenspeck
À la Cussy	Artischockenherzen, pürierte Pilze, Trüffeln, Nierchen
À la Favorite [Braten]	Artischockenherzen, Kartoffeln, Sellerie
À la Favorite [Steak]	Spargelspitzen, Leberpastete, Trüffeln
À la Fermière	Möhren, Zwiebeln, Sellerie, Steckrüben (usw.), in Butter
À la Forestière	Pilze, Schinken oder Speck, Kartoffeln
À la Hongroise	Paprika, Zwiebeln, Tomaten, saure Sahne (usw.)
À la Jardinière	Möhren, Steckrüben, Schnittbohnen (usw.)
À la Landaise	Bayonne-Schinken, Pilze, Gänseschmalz
À la Languedocienne	Steinpilze, Auberginen, Tomatenwürfel
À la Limousine	Rotkohl, Steinpilze, Maronen
À la Lyonnaise	gebratene Zwiebelwürfel, Petersilie
À la Maraîchère	Möhren, Zwiebeln, Gurke, Artischockenherzen
À la Marocaine	Zucchini, Paprika, Safranreis, Tomaten
À la Mascotte	Artischockenherzen, Trüffeln, Kartoffeln
À la Niçoise	Tomaten, Sardellen, Bohnen, Knoblauch, Kartoffeln (usw.)
À l'Orientale	Tomaten gefüllt mit (Safran-)Pilafreis, Okra, Peperoni
À la Parisienne	Kartoffeln, Artischockenherzen, geschmorter Kopfsalat
À la Portugaise	Gerichte, die hauptsächlich Tomaten enthalten
À la Princesse	Spargelspitzen (oft mit Béchamelsoße), Trüffeln
À la Printanière	Frühlingsgemüse, Butter
À la Romaine	Spinat, Tomaten, Kartoffeln (usw.)
À la Sarde	Reis, Tomaten, gefüllte Gurke, Pilze
À la Tivoli	Spargelspitzen, Pilze, Bohnen, Sauce Suprême
À la Tyrolienne	Tomaten, gebratene Zwiebeln
À la Valenciennes	Brühreis mit Paprika, Schinken
À la Zingara	Paprika, Tomaten (variiert)

DURIAN

Die tropische Durianfrucht (*Durio zibethinus*) erfreut sich der zweifelhaften Ehre, im gesamten öffentlichen Verkehrssystem Singapurs verboten zu sein – wie auch in einer Vielzahl von Hotels, bei einigen Fluggesellschaften und in öffentlichen Einrichtungen. Der einfache Grund dafür ist, dass die große, ovale, stachelige Frucht (*duri* ist das malayische Wort für „Stachel") in der Tat sehr schlecht riecht – worauf auch ihr deutscher Name „Stinkfrucht" unmissverständlich hinweist. Einige sind sogar der Meinung, das Aroma der Durian sei so überwältigend, dass es selbst nach dem Eindosen noch wahrzunehmen sei. So beschrieb der Meisterkoch Anthony Bourdain das Obst mit einem für ihn typischen bildhaften Vergleich: „Es roch, als habe man jemanden mit einem ganzen Rad Stilton-Käse im Arm begraben und erst ein paar Wochen später wieder ausgebuddelt." Es scheint allerdings, dass der Geschmack den Esser großzügig für den absonderlichen Geruch entschädigt. Noch einmal Bourdain: „Stellen Sie sich eine Mischung aus Camembert, Avocado, und geräuchertem Gouda vor ... Sie schmeckte überhaupt nicht, wie sie roch. Das Aroma war viel weniger penetrant und machte auf eine eigenartige Weise süchtig." Die Frucht wird auf vielerlei Arten zubereitet und gegessen: roh, als Speiseeis, als Gemüse, gebraten mit Zwiebeln, Salz und Essig, in Kokosfett geröstet, als Marmelade oder gezuckert als Süßigkeit. Eine Durian kann bis zu 2 kg wiegen, und da die Bäume oftmals eine Höhe von 30 m erreichen, können herabfallende Früchte eine tödliche Gefahr darstellen. So bemerkte schon Alfred Wallace im Jahr 1869:

> *Die Durian ist aber auch manchmal gefährlich. Wenn die Frucht zu reifen beginnt, so fällt sie täglich und fast stündlich, und nicht selten hört man von Unglücksfällen bei Leuten, die unter den Bäumen gerade gingen oder arbeiteten. Wenn eine Durian bei ihrem Fall jemanden trifft, so verursacht sie eine furchtbare Wunde, die starken Stacheln reißen das Fleisch auf, und der Schlag selbst ist sehr heftig; aber gerade darum stirbt man selten in Folge davon, weil die reichliche Blutung die Entzündung, die sonst Platz greifen könnte, hintanhält.*

WIE MAN EINE KARAFFE REINIGT

Karaffe mit warmem Wasser ausspülen, zur Hälfte mit heißer Seifenlauge füllen und einen Teelöffel Waschsoda hinzufügen. Zeitungspapier in kleine Stücke reißen und ebenfalls hineingeben. Eine halbe Stunde stehen lassen, hin und wieder schütteln. Ausschütten und mit heißem Wasser auswaschen, ablaufen lassen, Glas außen klar wischen und zum Trocknen der Innenseite stehen lassen.

HALAL

Halal (auch *hallal* und *halaal*) ist arabisch und bedeutet gesetzmäßig oder erlaubt. Bezeichnet werden damit Lebensmittel, die den islamischen Ernährungsvorschriften entsprechen. Das Gegenteil von *halal* ist *haraam*, was dementsprechend ungesetzmäßig oder verboten bedeutet. Bei fragwürdigen Nahrungsmitteln wird der Begriff *mashbooh* (unsicher) verwendet. Bestimmte Tierkategorien werden stets als *haraam* betrachtet, darunter:

Aas · Tiere, die erwürgt wurden · Tiere, die erschlagen wurden
Tiere, die aus einer Höhe zu Tode gestürzt sind · Tiere, die von
Wildtieren getötet wurden · Tiere, die von den Hörnern eines anderen
Tiers aufgespießt wurden · Tiere, die nicht im Namen Allahs getötet
wurden · Schweinefleisch (und alle seine Nebenprodukte)
Maultiere und Esel · fleischfressende Tiere (Wölfe, Löwen usw.)
Raubvögel (Adler usw.)

Halal-Tiere können sein: Schafe, Ziegen, Rind, Geflügel, Kaninchen, Wild usw., aber nur, wenn sie gemäß dem *thabah* geschlachtet wurden – Methoden, die vom islamischen Recht abgesegnet sind. *Thabah* schreibt eine Anzahl von Regeln vor, die sicherstellen sollen, dass Tiere, bevor sie getötet werden, möglichst wenig leiden und ihre Würde bewahren – darunter finden sich einige, die in der jüdischen Kultur als Koscher-Regeln bekannt sind:

Tiere dürfen nicht grausam behandelt
oder unter unwürdigen Bedingungen transportiert werden
Tiere müssen vor dem Schlachten gefüttert werden
Tieren dürfen nicht die Augen verbunden werden
Tiere müssen von einem Moslem im Namen Allahs getötet werden
Tiere dürfen nicht in Gegenwart eines anderen Tiers getötet werden
Messer dürfen nicht in Gegenwart von Tieren gewetzt werden
Tiere dürfen vor dem Schlachten nicht betäubt werden
Tiere müssen schnell und professionell geschlachtet werden

Es gibt noch weitere Regeln, die etwa den religiösen Respekt wahren oder Verunreinigungen vorbeugen sollen; außerdem betreffen sie die mitunter schwierigen Fragen, die sich etwa im Zusammenhang mit medizinischem Alkohol, verarbeiteten Lebensmitteln, Gelatine, Käse, Molke, Lab und E-Nummern ergeben.

SALPIKON

Salpikon nennt man in ca. 0,5 cm große quadratische Würfel geschnittenes Fleisch, Gemüse, Fisch usw., wobei die Zutaten meist bereits gegart sind.

DRESDNER CHRISTSTOLLEN

Die ersten Christstollen entstanden in Dresden in der Mitte des 15. Jahrhunderts. Backwaren gaben zu dieser Zeit in ihrer Form oft kirchliche Erinnerungen wieder: So stellt der Stollen nichts anderes dar, als das in Windeln gewickelte Jesuskind. Da die Vorweihnachtszeit mit dem großen Adventsfasten zusammenfiel, mussten die Bäcker auf Butter und Milch verzichten und durften ausschließlich Wasser, Hafer und Mehl verwenden. Im Jahr 1467 wandten sich Kurfürst Ernst von Sachsen und sein Bruder Albrecht an Papst Innozenz VIII. mit der Bitte, das Butterverbot auszusetzen. In dem als „Butterbrief" bekannten Schreiben gab er ihrer Eingabe statt. Nun durfte auch in der Fastenzeit Milch und Butter verwendet werden. Im Jahr 1500 wurden auf dem ältesten deutschen Weihnachtsmarkt in Dresden die ersten Stollen verkauft.

ENERGIE

Der Energiebedarf (kcal) für Menschen verschiedenen Geschlechts und Alters beträgt pro Tag:

Altersgruppen	Männer	Frauen
1–3 Jahre	1100	1000
4–6 Jahre	1500	1400
7–9 Jahre	1900	1700
10–12 Jahre	2300	2000
13–14 Jahre	2700	2200
15–18 Jahre	2500	2000
19–24 Jahre	2500	1900
25–50 Jahre	2400	1900
51–65 Jahre	2200	1800
> 65 Jahre	2000	1600

TERROIR

Terroir ist der genuin französische (teils geographische, teils philosophische) Begriff für das Zusammenspiel zwischen Klima, Boden und Seele eines Weinbergs. Entsprechend vage sind die Definitionen: Unter *terroir* fallen für gewöhnlich Faktoren wie Bodenbeschaffenheit, Klima, Topographie, Geologie, Pädologie, Hydrologie, Bewässerung, Höhe und Lage. Die einen sagen, dass die Qualität und der Charakter eines Weins sehr stark vom *terroir* seiner Herkunft abhängen; die anderen meinen, die Beschäftigung mit dem *terroir* grenze an Aberglauben. Wie dem auch sei, allem Anschein nach lassen die Fortschritte in der Technik der Weinherstellung den Einfluss von *terroir* schwinden, so dass sich die Weine immer ähnlicher werden. Einige von Frankreichs Klassikern unter den Weinen gehen zwar tatsächlich aus dem edelsten *terroir* hervor, doch andererseits kann ein ähnlicher Boden auch Wein hervorbringen, den zu entkorken sich kaum lohnt.

MAKKARONI & DICHTUNG

Die Makkaroni (aus dem griechischen *machoirionon*, „langer Grashalm") ist nicht nur eine der beliebtesten italienischen Nudelsorten [siehe auch S. 96/97], sondern auch Namenspatronin einer traditionsreichen literarischen Gattung. Unter „makkaronischer Dichtung" (auch „Nudelverse") versteht man eine komische oder satirische Versform, deren parodistischer Effekt auf der Verschmelzung zweier Sprachen – meist Latein und einer westeuropäischen Volkssprache – beruht. Ein modernes Beispiel ist z. B. die Schlagzeile des *Spiegel* zur Wiederwahl des 85-jährigen Konrad Adenauer als Kanzler im Jahr 1961: *Habemus Opapam*. Ihren Namen erhielt die Gattung von der unvollendeten Satire *Carmen Macaronicum de Patavinis quibusdam arte magica delusis* („Makkaronisches Lied über einige Leute aus Padua, die durch magische Kunst verspottet werden") des Paduaners Tifi degli Odasi, deren Hauptfigur ein Makkaronimacher ist. Der komische Sprachmischmasch fand in den folgenden Jahrhunderten unzählige Nachahmer, von Baron Münchhausen („Totschlago von softissime nisi vos benehmitis bene") über Molière bis zu Christian Morgenstern. Die überzeugendste kulinarästhetische Verbindung zwischen Literatur und schmackhafter Röhrennudel stammt allerdings vom Frankfurter Gymnasiallehrer Carl Blümelein, der 1897 erklärte:

Wie die ... Leibspeise aus Mehl und Käse besteht, so besteht das
maccaronische Gedicht aus der Grundsprache und den hineingemischten
Wörtern einer anderen Sprache. Das Bindemittel, dort die Butter, bildet in
diesem Falle die gleichmäßige Flexion dieser fremden Bestandteile, die
dadurch mit der Grundsprache zu einer organischen Verbindung, gleichsam
zu einem Teig vermengt werden.

TRIMALCHIO ÜBER „KONSTIPATION"

Entschuldigt mich, liebe Freunde, aber mein Magen ist schon seit ein paar Tagen nicht in Ordnung. Auch die Ärzte kennen sich nicht recht aus. Immerhin haben Granatapfelschale, Rinde und Essig einige Erleichterung gebracht. Ich hoffe deshalb, dass er sich zusammennimmt. Manchmal gibt er nämlich Laute von sich wie ein Ochse. Wenn übrigens den einen oder anderen von euch ein Bedürfnis ankommen sollte, so geniert euch nicht. Niemand ist aus Eisen. Ich glaube, es gibt keine größere Qual, als es zu unterdrücken. Selbst Jupiter kann das nicht verlangen ... Glaubt mir, der ganze Körper wird vergiftet, wenn eine Blähung ins Gehirn geht. Ich kenne einige, die gestorben sind, weil sie sich geniert haben.

Das Gastmahl des Trimalchio
aus dem *Satyricon* des Petronius
(um 66 n. Chr.)

Schotts Sammelsurium Essen & Trinken

——— TUCHOLSKYS MITTERNACHTSWHISKY ———

Der Schriftsteller und Journalist Kurt Tucholsky (1890–1935) – der auch unter den Künstlernamen Kaspar Hauser, Peter Panter, Theobald Tiger und Ignaz Wrobel schrieb – hielt in seinem privaten Kochbuch folgendes Rezept für eine „Mitternachtsparty" fest:

> *Man fülle guten, alten Whisky in eine nicht zu flache Suppenterrine, rühre gut um und genieße das erfrischende Getränk, soweit angängig, nüchtern. Ein Zusatz von Mineralwasser empfiehlt sich nicht, da selbe oft künstliche Kohlensäure enthalten, daher gesundheitsschädlich sind.*[†]

[†] Der Whisky muss von Zeit zu Zeit erneuert werden.

——— BAGELS ———

Bagels (*Beygls* auf Jiddisch) sind ringförmige Brötchen mit einer dichten, bissfesten Struktur (vom Pochieren in kochendem Wasser) und einer knusprigen, glänzenden Kruste (vom Bestreichen mit Eigelb). Der Bagel gehört zu den traditionellen jüdischen Brotsorten, und obwohl es heißt, er sei 1683 von einem Wiener Bäcker erfunden worden, erfuhr er seine weite Verbreitung zweifellos im polnischen *Schtetl*. Laut der legendären Gastro-Literatin Claudia Roden symbolisieren Bagels aufgrund ihrer Form – ohne Anfang und Ende – den unendlichen Zyklus des Lebens. Einst, so Roden weiter, galten sie als Schutz vor Dämonen, Geistern und dem bösen Blick und als Garant von Glück und Wohlstand. Deshalb wurden sie bei Beschneidungen und Beerdigungen gereicht, aber auch wenn eine Frau in den Wehen lag.

——— SMARTIES-FARBEN ———

H. I. Rowntree & Co. brachten 1937 ihre *Chocolate Beans* auf den Markt, die im folgenden Jahr in *Smarties* umbenannt wurden. Seitdem sind die bunten Schokolinsen in neun verschiedenen Farben hergestellt worden:

rot · gelb · orange · grün · lila · rosa · hellbraun · braun · blau

Am beliebtesten sind die orangefarbenen *Smarties* – vielleicht, weil sie nach Orangen schmecken. Vor 1958 waren die dunkelbraunen *Smarties* mit Kaffee-Schokolade gefüllt, hellbraune *Smarties* dagegen mit Vollmilchschokolade. Braun ist die unbeliebteste Farbe. Hellbraune *Smarties* wurden 1989 durch blaue ersetzt.

HIPPOPHAGIE oder DER VERZEHR VON PFERDEN

Vielleicht ist es einer sentimentalen Zuneigung zu Pferden oder einem von den Römern ererbten Widerwillen gegen das Fleisch zuzuschreiben, jedenfalls hegten und hegen hierzulande viele eine Abneigung gegen Hippophagie – den Verzehr von Pferdefleisch. Pferde (*Equus caballus*) werden jedoch weltweit in vielen Kulturen verspeist, darunter Länder wie Belgien, Schweden, China, Japan, Indien und Südamerika. In Frankreich war es bis 1811 verboten, Pferdefleisch zu essen, ehe eine Vielzahl von Zeugenaussagen (darunter die von Napoleons Apotheker) dazu führte, dass das Gesetz geändert wurde. Möglicherweise spielten die Erfahrungen während des Napoleonischen Krieges, als viele Soldaten durch den Verzehr von Armeepferden überlebten, eine Rolle bei diesem Meinungswandel – wobei nach der Aufhebung des Verbots öffentliche Pferdefleischbankette veranstaltet wurden, um zu beweisen, wie köstlich dieses Fleisch war. Am 1. Dezember 1855 wurden elf VIPs (Journalisten, Ärzte, Beamte) zu einem „Geschmackswettkampf" zwischen dem Fleisch eines Rindes und dem eines 23 Jahre alten Pferdes eingeladen. Ein und derselbe Koch bereitete aus den jeweils entsprechenden Fleischstücken beider Tiere verschiedene Gerichte zu, die dann gleichzeitig serviert wurden. Das Urteil fiel einstimmig aus – zu Gunsten des Pferdefleischs. Einer der Koster, Dr. Amédée Latour, erklärte:

Bouillon de cheval	*Le bouillon de boeuf* est bon,
Surprise générale! C'est parfait,	mais comparativement inférieur,
c'est excellent, c'est nourri,	moins accentué de goût,
c'est corse, c'est aromatique,	moins parfumé,
c'est riche de goût.	moins résistant de sapidité.

HONIGMOND

Das englische Wort für Flitterwochen, *honeymoon*, bedeutet so viel wie „Honigmond". Laut Samuel Johnsons Wörterbuch versteht man darunter „[den] ersten Monat nach der Hochzeit, in der nur Zärtlichkeit und Vergnügen herrschen". Dem *Oxford English Dictionary* zufolge bezieht sich der Begriff auf die wechselhafte Liebe zwischen frisch Verheirateten, die zu- und abnimmt wie der Mond. Andere behaupten, das Wort leite sich von einem alten teutonischen Brauch her, wonach die frisch Vermählten nach der Hochzeit 30 Tage lang Met (auch Honigwein, Melomel oder Metheglin) tranken, in der Hoffnung, dies würde ihnen Fruchtbarkeit bescheren. Es heißt, der Hunnenkönig Attila (um 406–453) sei kurz nach seiner Heirat mit der schönen Ildikó an Nasenbluten gestorben, weil er bei der Hochzeit zu viel Metheglin getrunken habe.

Schotts Sammelsurium Essen & Trinken

——————— ZIGARRENLIEBHABER ———————

Hier einige herausragende Persönlichkeiten, die schon einmal das Titelbild der Zeitschrift *Cigar Aficionado* zierten:

Linda Evangelista	John F. Kennedy	Don Johnson
Jack Nicholson	John Travolta	Winston Churchill
Matt Dillon	Ernest Hemingway	Fidel Castro
Demi Moore	Kevin Bacon	Tom Selleck
A. Schwarzenegger	Bo Derek	Groucho Marx
Wayne Gretzky	Gene Hackman	Danny DeVito
Claudia Schiffer	Kevin Costner	Francis F. Coppola
Pierce Brosnan	Dennis Hopper	Winston Churchill
Denzel Washington	Raquel Welch	Bill Murray
Sylvester Stallone	Jeff Bridges	Sharon Stone
Michael Douglas	Rudolph Giuliani	J. P. Morgan
Chuck Norris	Kevin Spacey	Laurence Fishburne

——— TRADITIONELLE SITZORDNUNG ———
BEI DEN AMISH

MUTTER   *Töchter (aufsteigend nach Alter)*

VATER   [   ]

Söhne (aufsteigend nach Alter)

——————— BEGNADIGTE TRUTHÄHNE ———————

Die erste offizielle Begnadigung eines Truthahns, der für das traditionelle Festessen zum Erntedankfest (*Thanksgiving*) bestimmt war, durch einen amerikanischen Präsidenten wurde 1947 von Harry S. Truman erteilt, doch geht das mittlerweile jährliche Ereignis auf die Zeit des amerikanischen Bürgerkriegs zurück: Abraham Lincolns Sohn Tad flehte seinen Vater an, einen Truthahn namens Jack zu verschonen. Heute werden die Truthähne von der National Turkey Federation gespendet. Diese versichert, dass der glückliche Vogel (ebenso wie seine Zweitbesetzung) handzahm aufgezogen wurde, damit er sich schon etwas an die Menschenmenge gewöhnen kann, die sich alljährlich zur Begnadigungszeremonie im Rosengarten des Weißen Hauses einfindet. In den letzten Jahren wurden folgende Truthähne begnadigt: Jerry (2000), Liberty (2001), Katie (2002), Stars (2003) und Biscuits (2004).

ZOOKOST

Während der Belagerung von Paris im Jahr 1870 war der Zoo im Jardin de Plantes gezwungen, alle Tiere zu verkaufen, die er nicht mehr ernähren konnte. Etliche Restaurantbesitzer, die ihren Gästen ansonsten nur noch Ratte servierten, nahmen das Angebot dankend an und erwarben so viele ausgehungerte Exoten, wie sie konnten. Hier das Weihnachtsmenü, wie es (am 99. Tag der Belagerung) von Bellanger im Restaurant *Voisin's* zubereitet wurde:

Beurre, radis, sardines	Butter, Radieschen, Sardinen
Tête d'âne farcie	gefüllter Eselskopf
Purée de haricots rouges aux croutons	Püree aus roten Bohnen mit Croutons
Consommé d'éléphant	Elefantensuppe
Goujons frits	gebratener Fisch
Le chameau rôti à l'Anglaise	gebratenes Kamel nach englischer Art
Le civet de kangourou	Kängurueintopf
Côtes d'ours rôties sauce poivrade	Bärenkoteletts mit Pfeffersoße
Cuissot de loup, sauce chevreuil	Wolfshaxe mit Wildsoße
Le chat flanqué de rats	Katze mit Rattengarnitur
Salade de cresson	Salat aus Brunnenkresse
La terrine d'antelope aux truffes	Antilopenterrine mit Trüffeln
Cèpes à la Bordelaise	Steinpilz à la Bordelaise
Petis pois au beurre	Buttererbsen
Gâteau de riz aux confiture	Reispudding mit Marmelade
Fromage de Gruyère	Greyerzer Käse

WEINE: Xérès · Latour Blanche 1861 · Château Palmer 1864
Mouton Rothschild 1846 · Romanée Conti 1858
Bollinger frappé · Grand Porto 1827 · Kaffee und Likör

BRA(E)TWURST

Trotz mannigfaltiger Konkurrenz aus asiatischen und orientalischen Schnellküchen behauptet sich die Bratwurst hartnäckig als typisch deutsches Imbissgericht. Auch wenn die Wurst meist gebraten verkauft wird, ist die Herkunft des Wortes keinesfalls so nahe liegend, wie es auf den ersten Blick scheint: Die Bezeichnung *Bratwurst* bezieht sich nämlich nicht auf die Zubereitungsweise, sondern geht auf das althochdeutsche *brato* und das mittelhochdeutsche *brate* zurück, was so viel wie „schieres Fleisch" oder „Weichteile" bedeutete. Das davon abgeleitete Wort *Brät* heißt lediglich „klein gehacktes Fleisch" und rührt demnach allein von der Herstellungsart der (meist) aus Schweinefleisch und Naturdarm zubereiteten Wurst her.

SHAKESPEARE ÜBER ESSEN UND LIEBE

Wenn Musik der Liebe Nahrung ist,
Spielt weiter! gebt mir volles Maß! dass so
Die übersatte Lust erkrank' und sterbe.

— *Was ihr wollt*, I. 1

OLIVENÖL

Natives Olivenöl wird direkt aus Oliven und ausschließlich mit mechanischen (d. h. nicht-chemischen) Verfahren gewonnen. Bis auf Waschen und Filtern wird das Öl keiner anderen Behandlung unterzogen und ebenso wenig mit anderen Produkten vermischt. Der Internationale Olivenölrat (IOR bzw. IOOC) nennt die folgenden vier Kategorien von nativem Olivenöl:

NATIVES OLIVENÖL EXTRA ...... erstklassig in Geschmack und Aroma; Ölsäureanteil < 1 %
NATIVES OLIVENÖL .... ausgezeichnet in Geschmack und Aroma; Ölsäureanteil < 2 %
OLIVENÖL .... gut in Geschmack und Aroma; Ölsäureanteil < 3,3 %
LAMPANTE .... nur zur Raffination verwendet; Ölsäureanteil > 3,3 %

Die EU-Länder Spanien, Italien, Griechenland, Portugal und Frankreich produzieren bei insgesamt rund 470 Millionen Olivenbäumen jährlich im Schnitt 1,8 bis 2,4 Millionen Tonnen Olivenöl.

LERCHEN

Lerchen sind kleine Sperlingsvögel, die traditionell für die Füllung von Pasteten verwendet wurden. Grimod de la Reynière bezeichnete sie abwertend als „ein Bündel Zahnstocher, das mehr geeignet ist, den Mund zu reinigen, als ihn zu füllen". In der Tat sind Lerchen so wenig gehaltvoll, dass man sie meist wog, anstatt sie zu zählen. Der Leibarzt der englischen Königin Anne, Dr. Martin Lister, erklärte einst, Lerchen wären erst dann zum Verzehr geeignet, wenn zwölf Stück mehr als 13 Unzen (ca. 370 g) wögen. Der Legende nach versprach Karl IX. von Frankreich nach seiner Freilassung aus dem Wald von Orléans, das Leben seiner Entführer zu schonen, wenn sie ihm verrieten, wer die hervorragende Lerchenpastete zubereitet hatte, die ihm während seiner Gefangenschaft serviert worden war.

SWIFTS BESCHEIDENER VORSCHLAG

„Ein bescheidener Vorschlag, wie man verhindern kann, dass die Kinder der Armen ihren Eltern oder dem Lande zur Last fallen, und wie sie vielmehr eine Wohltat für die Öffentlichkeit werden können", hieß Jonathan Swifts empörter Angriff auf die Armut der Iren unter englischer Herrschaft, den er 1729 verfasste. Einige der guten Ratschläge in Swifts inzwischen klassischem satirischem Text lauten wie folgt:

Mir ist von einem sehr unterrichteten Amerikaner aus meiner Bekanntschaft in London versichert worden, dass ein junges, gesundes, gut genährtes einjähriges Kind eine sehr wohlschmeckende, nahrhafte und bekömmliche Speise ist, einerlei, ob man es dämpft, brät, bäckt oder kocht, und ich zweifle nicht, dass es auch in einem Frikassee oder einem Ragout in gleicher Weise seinen Dienst tun wird. […] Ein Kind wird bei einem Essen für Freunde zwei Gänge ergeben, und wenn die Familie allein speist, so wird das Vorder- oder Hinterviertel ganz ausreichen; mit ein wenig Pfeffer oder Salz gewürzt, wird es gekocht noch am vierten Tag ganz ausgezeichnet schmecken, besonders im Winter.

SIEDEPUNKT VON WASSER IN DER HÖHE

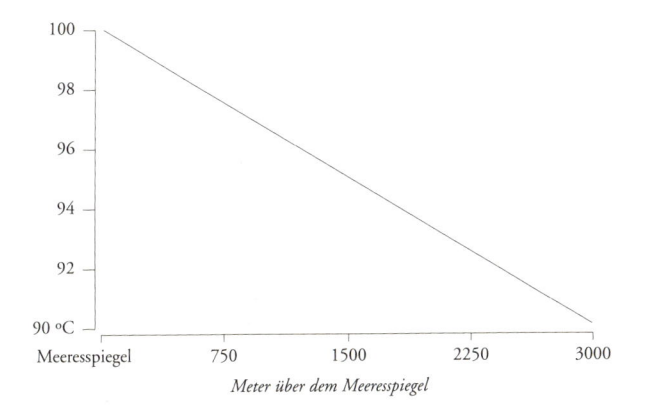

Meter über dem Meeresspiegel

AMBROSIA, NEKTAR & MANNA

AMBROSIA ist die sagenhafte Speise der Götter, die ihnen Unsterblichkeit verlieh; NEKTAR ist ihr sagenumwobener Trank. MANNA ist die Speise, die auf wundersame Weise vom Himmel regnete, um die Israeliten nach dem Auszug aus Ägypten in der Wüste zu ernähren.

Schotts Sammelsurium Essen & Trinken

HAPPY BIRTHDAY, MR PRESIDENT

DAS GALADINNER ZU JOHN F. KENNEDYS 45. GEBURTSTAG
19. Mai 1962

Krebsfleisch, in Muscheln gebacken

———

Hühnerbouillon mit Sommerweizen

———

Rindermedaillon mit Madeira-Glasur
Kräuterkarotten · Waldpilze

———

Die Geburtstagstorte des Präsidenten

Das Dinner fand im New Yorker Restaurant *Four Seasons* statt. Nach dem Essen brach die Gesellschaft zu einer Party im Madison Square Garden auf, wo Marilyn Monroe ihr kokettes „Happy Birthday" sang.

DAS HEIMLICH-MANÖVER

Das 1976 von Henry J. Heimlich entwickelte „Heimlich-Manöver" ist eine Erste-Hilfe-Maßnahme für Personen, die an ihrem Essen zu ersticken drohen. Der Helfer umfasst den Betroffenen von hinten und versucht, den Fremdkörper durch ruckartige, aufwärts gewandte Druckstöße aus der Luftröhre des Erstickenden zu befördern. Zu den rund 50 000 Menschen, die ihr Leben dem Handgriff verdanken, gehören laut dem Heimlich Institute in Cincinnati auch die folgenden Prominenten: Goldie Hawn, Ronald Reagan, Cher, Elizabeth Taylor, Carrie Fisher, Jack Lemmon und Walter Matthau.

KULINARISCHER KALENDER

Hier ein kurioser kulinarischer Scherz, der auf dem französischen Revolutionskalender beruht:

Januar	*Marronglaçaire*	Juli	*Melonial*
Februar	*Harrengsauridor*	August	*Raisinose*
März	*Oeufalacoquidor*	September	*Huîtrose*
April	*Petitpoisidor*	Oktober	*Bécassinose*
Mai	*Aspergial*	November	*Pommedetaire*
Juni	*Concombrial*	Dezember	*Boudinaire*

VITAMINE & MINERALIEN

	isoliert	Natürliche Quellen	Mangelerscheinungen	Tagesbedarf (mg) ♂ / ♀
Wasserlösliche Vitamine				
B1 *Thiamin*	1912	Fleisch, Vollkorn	Beriberi, Depressionen, Polyneuritis	1,4 / 1,0
B2 *Riboflavin*	1933	Milch, Eier, Gemüse, Erdnüsse	blutunterl. Augen, Hautprobleme	1,3 / 1,1
B3 *Niacin*	1867	Rind, Schwein, Huhn, Weizen	Pellagra, Durchfall, Depressionen	17,0 / 13,0
B5 *Pantothensäure*	1933	Leber, hefehaltige Lebensmittel	beeintr. Koordin. u. Wundheilung	6,0 / 6,0
B6 *Pyridoxin etc.*	1934	Kartoffeln, Nüsse, Leber	Depressionen, ?periphere Neuropathie	1,4 / 1,2
B12 *Cobalamin*	1948	Fleisch, Fisch, Milchprodukte	Anämie, Reizbarkeit	0,0015 / 0,0015
C *Ascorbinsäure*	1932	Früchte, Gemüse	Skorbut, Anämie	40,0 / 40,0
Folate *Folsäure*	1941	grünes Gemüse, Kichererbsen	Anämie, Infektionen, ?Geburtsschäden	0,2 / 0,2[†]
Fettlösliche Vitamine				
A *Retinol*	1931	Fisch, Leber, Milchprodukte	Nachtblindheit, schwache Abwehrkräfte	0,7 / 0,6
D *Calciferol etc.*	1936	Fisch, Eier, Leber, Sonne	Knochenschwäche, Osteoporose	variiert / variiert
E *Tocopherol etc.*	1922	Pflanzenöle, Nüsse, Samen	Zerfall roter Blutkörperchen	4,0 / 3,0
K *Phylloquinon*	1934	grünes Gemüse, Getreide	Blutsturz	0,001 / 0,001
Mineralien				
Calcium (Ca)	1808	Milch, Käse, grünes Gemüse	Knochenschwäche, Osteoporose	700 / 700
Eisen (Fe)	—	Leber, Fleisch, grünes Gemüse	Anämie	6,7 / 11,4
Magnesium (Mg)	1828	Blattgemüse, Nüsse	Depressionen, Krämpfe	300 / 270
Phosphor (P)	1674	Fleisch, Milchprodukte, Fisch	Appetitlosigkeit, Knochenschwäche	550 / 550
Kalium (K)	1807	Bananen, Gemüse, Hülsenfrüchte	Durchfall, Erbrechen, Schwäche	3500 / 3500
Natriumchlorid (NaCl)	—	Salz, salzige Speisen, Junk-Food	Dehydrierung, Krämpfe	< 6000 / < 6000

(Tagebedarf ist Richtwert für gesunde Erwachsene · † Während der Schwangerschaft sind höhere Dosen erforderlich · In Zweifelsfällen fragen Sie bitte Ihren Arzt oder Apotheker.)

Schotts Sammelsurium Essen & Trinken

―――――――――――― SPANISCHER SALAT ――――――――――――

Einem alten spanischen Sprichwort zufolge wird der perfekte Salat von den folgenden vier Charakteren zubereitet:

einem VERSCHWENDER... für Öl	einem STAATSMANN...... für Salz
einem GEIZHALS .... für Essig	einem IRREN ..... zum Umrühren

―――――― EINIGE BEMERKENSWERTE SOSSEN ――――――

SOSSE	TYPISCHE ZUTATEN
Aïoli	*Mayonnaise, Knoblauch, Zitronensaft*
Béarnaise	*Eigelb, Essig, Butter, Schalotten, Kerbel, Thymian, Lorbeer*
Béchamel	*blonde Mehlschwitze, gekochte Milch, Butter*
Chasseur	*Pilze, Schalotten, Tomaten, Weißwein*
Cumberland	*Johannisbeergelee, Portwein, Orangen- und Zitronenschale und -saft*
Demiglace	*Spanische Soße mit hellem Fond eingekocht, Wein/Madeira*
Spanische Soße	*brauner Fond, braune Mehlschwitze, Mirepoix, pürierte Tomate*
Hollandaise	*Emulsion aus geschlagener Butter und Eigelb, Gewürze, Zitronensaft*
Louis	*Mayonnaise, Chili, Paprikaschoten, Frühlingszwiebeln, Zitronensaft*
Marie-Rose	*Mayonnaise, Tomatenketchup, Worcestersoße, Tabasco*
Mayonnaise	*Emulsion aus Eigelb und Öl, Essig, Gewürze, Senf*
Pesto	*Basilikum, Knoblauch, Pinienkerne, Parmesan, Olivenöl*
Reform	*Spanische Soße mit hartgekochtem Eiweiß, Gewürzgurke, Pilzen, Zunge, Trüffeln*
Remoulade	*Mayonnaise, Senf, Gewürzgurke, Kräuter, Kapern (Sardellen, Ei)*
Salsa Verde	*Öl, Essig, Knoblauch, Sardellen, Kapern, Petersilie*
Velouté	*Kalbs-, Geflügel- oder Fischfond, angedickt mit blonder Mehlschwitze*

―――――― MUKTUK & GEFRORENES WALROSS ――――――

Muktuk ist ein traditionelles Essen der Inuit in Alaska. Dabei wird die Außenhaut des Weißwals in tellergroße Stücke geschnitten und gekocht oder roh verzehrt. Der Geschmack soll an Kokos- oder Haselnüsse erinnern. Eine etwas gewöhnungsbedürftigere Delikatesse der Arktisbewohner ist das *gefrorene Walross*: Einfach ein frisch harpuniertes Walross aufschlitzen, ausnehmen und mit Robben, Vögeln und anderen Tieren füllen, zwei bis drei Jahre im gefrorenen Boden vergraben. Ausgraben und gekühlt servieren.

Schotts Sammelsurium Essen & Trinken

KOPI LUWAK

Kopi Luwak gilt als der teuerste Kaffee der Welt und unterscheidet sich von anderen Sorten durch seinen „fundamentalen" Ursprung. Der gemeine Fleckenmusang (*Paradoxurus hermaphroditus*) ist ein nachtaktiver, auf Bäumen lebender Fleischfresser, der auf den Kaffeeplantagen Südostasiens beheimatet ist. Neben kleinen Säugetieren und Insekten fressen diese Schleichkatzen Früchte und Beeren – insbesondere die reifsten Kaffeekirschen. Angeblich durchwandern diese Kaffeekirschen nach dem Fressen den Verdauungstrakt der Tiere und werden nicht nur unversehrt, sondern durch die Magenenzyme, mit denen sie in Berührung kommen, gewissermaßen „veredelt" wieder ausgeschieden. Das Ergebnis ist ein dunkler, voller und „muffiger" Geschmack. Kopi Luwak wird als das „seltenste Getränk der Welt" vermarktet: ein Pfund kostet 200 Dollar.

NORWEGISCHES OMELETTE

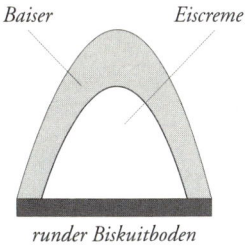

Baiser   *Eiscreme*

runder Biskuitboden
(mit Likör getränkt)

Halb Dessert, halb physikalisches Experiment, hat das Norwegische Omelette eine unklare Herkunftsgeschichte. Eine Version besagt, die absurde Idee, Eiscreme und Baiser im Backofen zu erhitzen, stamme von einem Koch des Hôtel de Paris – möglicherweise Giroux oder Balzac. Andere hingegen schreiben die Erfindung Charles Rumford zu. Und wieder andere glauben, es sei ein anonymer Küchenchef aus China gewesen, der 1867 als Mitglied einer chinesischen Delegation Frankreich besuchte. Das Geheimnis der Süßspeise ist, dass die Luft, die unter der Baiserschicht eingeschlossen ist, die Eiscreme vor der Hitze des Ofens schützt, während das Baiser (und der Biskuitboden darunter) braun gebacken wird. Das Norwegische Omelette ist unter einer Vielzahl verschiedener Bezeichnungen bekannt: *Baked Alaska, Omelette Soufflée Surprise, Omelette Norvégienne, Omelette Suédoise, Peña Santa* und *Alaska Florida*.

BOXTY

Boxty ist die irische Form des Kartoffelpfannkuchens, die auch mit den Schweizer Röstis verwandt ist. *Boxty* (gälisch *bacstai*) wird aus Mehl, gestampften Kartoffeln und rohen Kartoffeln hergestellt. Traditionell isst man das Gericht an Neujahr, Halloween oder am St. Patrick's Day.

Schotts Sammelsurium Essen & Trinken

CAPTAIN BIRDSEYE

Bei seiner Arbeit als Pelzhändler in Labrador beobachtete Clarence Birdseye (1886–1956) Anfang des 20. Jahrhunderts, wie gut Nahrungsmittel durch das arktische Klima konserviert wurden. Als Kind hatte sich Birdseye sowohl für Taxidermie als auch fürs Kochen interessiert, und daher erkannte er sofort das Potenzial des Tiefgefrierens als eine Methode zur Haltbarmachung von Lebensmitteln. Zurück in Amerika, experimentierte Birdseye mit Gefriertechniken und entdeckte, dass beim Schnell-Gefrieren kleine Eiskristalle entstanden, die die Struktur (und den Geschmack) der Nahrungsmittel kaum beeinträchtigten. 1924 gründete er das Unternehmen, aus dem einmal General Foods werden würde. Obwohl Birdseye für die US-Armee arbeitete, ist unklar, ob er wirklich Captain war – und tatsächlich bezeichneten ihn manche Quellen als Colonel.

KALORIENVERBRAUCH

Hier die ungefähre Kalorienzahl (in kcal), die man bei verschiedenen Tätigkeiten (und einem Körpergewicht von 68 kg) pro Minute verbraucht:

Stillsitzen 1–2	Yoga 4–6	Seilspringen 7–9
Billard spielen ... 2–6	Badminton 5–6	Walzer tanzen ... 6–8
Hausarbeit 3–6	Schnelles Gehen . 5–8	Tennis 7–12
Golf 3–6	Aerobic 5–9	Fußball 7–13
Kricket 3–7	Tischtennis 6–7	Joggen 8–13
Fechten 4–6	Sex 6–11	Langlauf 8–13
Gymnastik 4–6	Schwimmen 6–12	Squash 8–13

Diese Angaben sind Näherungswerte und variieren z. B. je nachdem, wie energisch man die Gymnastikübungen betreibt, wie groß die Steigung des bestiegenen Berges ist oder wie schwer die Golfschläger sind, die man trägt. Für jedes Pfund über 68 kg addiert man 10 Prozent, für jedes Pfund darunter zieht man 10 Prozent ab. Zur Einheit „Kalorie" siehe S. 43. [100 g Schokoladen-Sahne-Torte = 325 kcal]

MUCKEFUCK

Muckefuck bezeichnet Kaffeeersatz oder sehr dünnen Kaffee. Die genaue Herkunft des Wortes bleibt zwar umstritten, vermutlich aber handelt es sich dabei um eine Berliner Eindeutschung des französischen *mocca faux* („falscher Kaffee"). Es heißt, französische Gärtner seien aufgrund der hohen Zölle auf Kaffeebohnen unter Friedrich II. dazu übergegangen, in Berlin Zichorie (auch wilder Chicorée oder Wegwarte) anzubauen und deren Wurzeln – geröstet und gemahlen – dem dünnen Kaffeeaufguss hinzuzufügen, um ihm eine dunklere Farbe zu verleihen.

KNOBLAUCH

❦ Obwohl aus dem römischen Tempel der Kybele verbannt, gehörte Knoblauch zur Ration römischer Soldaten, die es vor Schlachten kauten, in der Hoffnung, es möge ihnen Mut verleihen. ❦ Plinius behauptete, Knoblauch beuge gegen Wahnsinn vor, verscheuche Schlangen und sei ein Gegenmittel gegen die magischen Kräfte des Magnetits. ❦ Für die indonesischen Batak besitzt Knoblauch die Macht, verlorene Seelen wiederzufinden. ❦ Noch heute schützen karpatische Schäfer ihre Herde vor Schlangen, indem sie die Hände mit Knoblauch einreiben, bevor sie ihre Mutterschafe melken. ❦ In vielen Kulturen wehrt Knoblauch angeblich Dämonen, Hexen, Feen und (in Indien) den „bösen Blick" ab. ❦ Nach westlichem Aberglauben (stark beeinflusst von Bram Stokers *Dracula*, 1897) wehrt Knoblauch Vampire ab. ❦ Knoblauch wurde häufig eine antiseptische Wirkung zugeschrieben, und im Ersten Weltkrieg wurde er von Ärzten entsprechend eingesetzt. ❦ Überhaupt häuften sich im Laufe der Zeit die Krankheiten, gegen die Knoblauch helfen soll, darunter Keuchhusten, Grippe, Flechte, Gelbsucht, Hydrophobie und sogar Unfruchtbarkeit. Jüngste medizinische Studien lassen vermuten, dass Knoblauch den Cholesterinspiegel senkt. ❦ Horaz wetterte gegen den Gestank von Knoblauch, er sei „schlimmer als der von Schierling". ❦ Die Knoblauchmayonnaise Aïoli wurde angeblich von Kaiser Nero erfunden, was aber in der Wissenschaft umstritten ist. ❦ Im Jahr 1300 verbot König Alphons von Kastilien Rittern, die Knoblauch gegessen hatten, den Zutritt zu seinem Hof und jeglichen Umgang mit Höflingen. ❦ Abergläubische Reisende legten Knoblauch an Wegkreuzungen nieder, um sich vor Hekate, der griechischen Göttin der Unterwelt, zu schützen. ❦ Bei den Aimara-Indianern in Bolivien nehmen Stierkämpfer Knoblauch mit in den Ring, in der Hoffnung, dass die Stiere dann nicht auf sie losgehen. ❦

KNOBLAUCH IN ANDEREN SPRACHEN

Russisch.... *tschesnock*	Thai .... *katiem*	Italienisch....... *aglio*
Spanisch .... *ajo*	Vietnamesisch..... *toi*	Chinesisch... *suen tau*
Portugiesisch .... *alho*	Schwedisch..... *vitlök*	Französisch........ *ail*
Englisch........ *garlic*	Norwegisch... *hvitløk*	Malay .. *bawang putih*

EINIGE AROMASTOFFE

Acetylpyrazin	*Popcorn*
2,4,5-Trimethyloxazol	*Kakao*
2-Isobutylthiazol	*grüne Tomatenblätter*
3-Hydroxy-2-methyl-pyran-4-on (Maltol)	*Karamell*
3,4-Dimethylthiophen	*gebratene Zwiebeln*
2,5-Dimethyl-4-hydroxy-3(2H)-furanon (Furanol)	*Erdbeeren*

DIE JAPANISCHE TEEZEREMONIE

Die japanische Teezeremonie *Cha-no-yu* („heißes Wasser für Tee") ist so delikat, detailreich und komplex, dass sie jeden Nichteingeweihten überfordert. Die Zeremonie verbindet Zen-Philosophie mit Meditation, Spiritualität und einem tief verwurzelten Sinn für Tradition, Natur und Gastfreundschaft. Tee wurde in Japan erst angebaut, nachdem in der Zeit der chinesischen Tang-Dynastie (um 700) Samen ins Land gebracht worden war. Einer der frühesten Berichte über eine Teezeremonie datiert von der Regierungszeit Kaiser Shomus (724–749). Doch erst in der Kamakura-Epoche (1192–1333) entstand die kunstvolle Förmlichkeit von *Cha-no-yu*. Myo-ei Shonin (um 1200), der die Teezeremonie als zentralen Bestandteil eines religiösen Lebens propagierte, beschrieb die „Zehn Tugenden des Tees":

Hat den Segen aller Götter	*Stärkt Freundschaft*
Fördert die Achtung vor	*Schult Körper und Geist*
den Eltern	*Löscht Leidenschaften*
Schlägt den Teufel in die Flucht	*Verhilft zu einem friedlichen Tod*
Vertreibt Schläfrigkeit	*Hält die Fünf Eingeweide im*
Hält Krankheiten fern	*Gleichgewicht*

Die Schaffung einer formalen Tee-Etikette, *temae*, wird Murata Shuko (gest. 1503) – dem „Vater des Teeismus" – zugeschrieben. Shuko betonte die spirituelle und meditative Bedeutung von *Cha-no-yu* durch Anordnung, Reinigung und Gemütsruhe. *Temae* schreibt vor, wie genau die Teeutensilien angeordnet, gereinigt und erwärmt werden müssen, bevor der Tee gekocht und serviert wird. Je nach Qualität des Tees, Wassertemperatur und Umrührgeschwindigkeit ist der Tee dick (*koicha*) oder dünn (*usucha*). Für *koicha* oder *usucha* existieren jeweils unterschiedliche Trinkprozeduren. Beide jedoch beinhalten formale Tauschrituale, genaue Methoden, wie die Schale zu handhaben und wie der Tee zu trinken ist, sowie die höfliche Wertschätzung des Tees und der benutzten Utensilien.

Können bei Cha-no-yu *heißt, dafür Sorge zu tragen, dass der Gast sich wohl fühlt. Geschick beim Teeservieren heißt, es so zu tun, dass nichts auffällt.*
Matsudaira Fumai (um 1800)

MELVILLE ÜBER DEN VERZEHR VON WALEN

Tatsache ist, dass zumindest seine Jäger den Wal Mann für Mann als edlen Speisefisch ansehen würden, wenn es nicht so viel von ihm gäbe. Nimmt man aber vor einer Fleischpastete von fast einhundert Fuß Länge Platz, dann vergeht einem der Appetit. — *MOBY DICK*, 1851

NUDELN & GLÜCKSHORMONE

Nudeln und andere Speisen, die viele Kohlenhydrate enthalten, heben die Stimmung und wirken als – wenn auch nur sehr leichtes – Antidepressivum. Beim Pastaverzehr gelangt der Eiweißbaustein Tryptophan ins Gehirn, der dazu führt, dass das Glückshormon Serotonin freigesetzt wird.

RAUSCHSTADIEN

Bei alkoholbedingten Rauschzuständen unterscheidet man im Allgemeinen vier Stadien:

Stadium	*Promille (‰)*
Wohlgestimmtheit	0,1–1
Rauschstadium	1–2
Betäubungsstadium	2–3
Lähmungsstadium	3–5

BERÜHMTE DIÄT- & ERNÄHRUNGSRATGEBER

GERT FRÖBE · Das Erste, was man bei einer Abmagerungskur verliert, ist die gute Laune.

DIANA, PRINZESSIN VON WALES Essstörungen, ob Magersucht oder Bulimie, zeigen, wie Menschen die notwendige Ernährung ihres Körpers als schmerzhaften Angriff auf sich selbst benutzen – und dass sie im tiefsten Inneren ein weitaus größeres Problem als pure Eitelkeit haben.

HONORÉ DE BALZAC · Frauen, die Diät halten, werden nicht fett; das ist klar und unumstößlich.

DIE BIBEL (MATTHÄUS 6,16) · Wenn ihr fastet, macht kein finsteres Gesicht wie die Heuchler.

BARBARA CARTLAND · Die richtige Ernährung leitet die sexuelle Energie in jene Teile des Körpers, auf die es wirklich ankommt.

GEORGE FOREMAN · Einmal war ich für zwei Wochen auf Diät. Alles, was ich verloren habe, waren zwei Wochen.

ROCHEFOUCAULD · Es ist eine langweilige Krankheit, seine Gesundheit durch eine allzu strenge Diät erhalten zu wollen.

BENJAMIN FRANKLIN · Seit der Erfindung der Kochkunst essen die Menschen doppelt so viel, wie die Natur verlangt.

JANE RUSSELL · Abnehmen ist ganz einfach: Man darf nur Appetit auf Dinge bekommen, die man nicht mag.

J. W. VON GOETHE · Wenn ihr gegessen und getrunken habt, seid ihr wie neu geboren; seid stärker, mutiger, geschickter zu eurem Geschäft.

EINIGE ITALIENISCHE NUDELSORTEN

FUSILLI · spiralförmig, ursprünglich um Stricknadeln gewickelte Spaghetti

PENNE · schräg abgeschnittene, kurze Nudelröhren

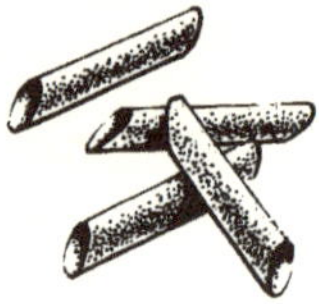

GNOCCHI · so geformt, dass sie Kartoffel-Gnocchi ähneln

FARFALLE · schmetterlingsförmige dünne Nudeln, ideal zu Soßen oder für Aufläufe

CASARECCIA · kleine „s"-förmige Pasta

FUSILLI COL BUCO · dünne Spiralnudeln, etwa so lang wie Spaghetti

RADIATORI · kleine gewellte „Heizstrahler"

FETTUCCINI · flache Bandnudeln, vergleichbar mit TAGLIATELLE

RAVIOLI · kleine Nudeltaschen mit Füllung

RIGATONI · gewellte kurze Röhren, ähneln MAKKARONI

PAPARDELLE · breite Bandnudeln

TORTELLINI · ringförmige, gefüllte Nudeltaschen

CAPPELLETTI · kleine runde Nudelhütchen

Schotts Sammelsurium Essen & Trinken

————EINIGE ITALIENISCHE NUDELSORTEN————

CANNELLONI · dicke gefüllte Röhren, überbacken oder mit Soße

NIDI · „Nestchen" aus TAGLIATELLE, die sich beim Kochen lösen

CONCHIGLIE · Teigmuscheln in verschiedenen Größen

GENOVESINI · kurze schräg abgeschnittene Röhrchen, ähneln PENNE

RUOTI · kleine Nudelrädchen

MAFALDE · geriffelte Bandnudeln

BUCATINI · dicke hohle Spaghetti

MAKKARONI · lange Hohlnudeln

LUMACHE · schneckenförmige Nudeln

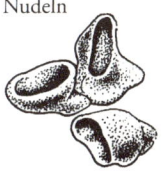

CAMPANELLE · gekräuselte Nudelglocken, ideal zu Soßen

AGNELLOTTI · gefüllte Teigtaschen, unterschiedlich geformt

AMORI · hohle geriffelte Spiralnudeln

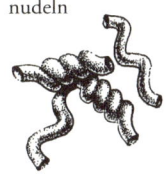

Selbstverständlich gibt es noch eine ganze Reihe anderer italienischer Nudelformen, von kleinen Sternchen (*Stellini*) bis zu breiten Nudelplatten (*Lasagne*). Überdies genießt man Nudeln auf der ganzen Welt in einer Vielzahl von Formen und Variationen, z. B. als spanische *Fideos*, eine Art dünne Fadennudeln; *Kärntner Kasnudeln*, die mit Kartoffeln gefüllt sind; jüdische *Lokschen*, die den Tagliatelle ähneln; russische *Pelmeni*, halbmondförmig und mit Fleischfüllung; als gefüllte und frittierte chinesische *Wan-Tan* usw.

Schotts Sammelsurium Essen & Trinken

TISCHGEBETE

Und wenn du gegessen hast und satt bist, sollst du den HERRN,
deinen Gott, loben für das gute Land, das er dir gegeben hat.
5. BUCH MOSE 8,10

Komm, Herr Jesus, sei Du unser Gast
und segne, was Du uns bescheret hast.
NIKOLAUS LUDWIG REICHSGRAF VON ZINZENDORF UND
POTTENDORF (1700–1760)

Et hic Episcopus cibum et potum benedicit.
Und hier segnet der Bischof Speise und Trank.
BISCHOF ODO – DER TEPPICH VON BAYEUX, ABSCHNITT 51

Dankch sagen wir dir herre got	Piep piep piep
um all dy speis dy uns ist not	wir haben uns alle lieb
und loben dich mit reichem schall	jeder isst so viel er kann,
umb dy und ander guettat all	nur nicht seinen Nebenmann.
wann du lebst got in himmelreich	Und wir nehmen's ganz genau,
und reichest immer und ewikleich.	auch nicht seine Nebenfrau.
„MÖNCH VON SALZBURG" (14. Jh.)	KINDERGEBET

Der Mensch lebt nicht vom Brot allein,
sondern von einem jeden Wort,
das aus dem Munde Gottes geht.
MATTHÄUS 4,4

Dominus Jesus sit potus et esus. –
Der Herr Jesu sei Speis' und Trank.
MARTIN LUTHER (1483–1546) *[zugeschrieben]*

Der Herr lass seinen Segen
über unseren Tische fegen.
ANONYM

Für Spaghetti lang und schlank,
sag ich meinem Schöpfer Dank.
Ebenso für die famose,
leckere Tomatensoße.
Amen
KINDERGEBET

God ist great, God is good, Let us thank Him for our Food.
JIMMY CARTERS TISCHGEBET IM WEISSEN HAUS

CHINA-RESTAURANT-SYNDROM

Das so genannte China-Restaurant-Syndrom (*Chinese Restaurant Syndrome*) äußert sich in einer Vielzahl unterschiedlicher Symptome, die kurz nach dem Verzehr chinesischen Essens auftreten können – von Hitzewallungen, Kopfschmerzen und Schwellungen bis zu Taubheitsgefühl, Herzrasen und Bruststechen. Eingehend beschrieben wurde das Krankheitsbild erstmals von R. H. M. Kwok (*N. Engl. J. Med.* 1968; 278: 796). In den meisten Fällen sind die Beschwerden jedoch nur schwach ausgeprägt und klingen in der Regel binnen weniger Stunden wieder ab. Die Ursache des Syndroms ist noch nicht hinreichend geklärt, auch wenn einige Quellen einen Zusammenhang mit dem Geschmacksverstärker Mononatriumglutamat (MSG) vermuten. Aktuelle Untersuchungen, darunter renommierte europäische und amerikanische Doppelblindstudien mit Zufallsanordnung, konnten diese Hypothese allerdings nicht bestätigen. Glutamate sind EU-weit zugelassene Zusatzstoffe, und auch das Bundesinstitut für Risikobewertung (BfR) hat „keine Bedenken gegen die gelegentliche Verwendung geringer Mengen Glutamat bei der Zubereitung von Speisen, zumal die Verbindung auch natürlicherweise in Lebensmitteln vorkommt".

EINIGE ESSBARE BLUMEN

Die Blüten folgender zumeist nur als Gewürz oder durch ihr Blattwerk bekannter Blumensorten bergen nicht nur einen optischen, sondern ebenso einen ganz eigenen geschmacklichen Reiz:

Majoran · Thymian · Ysop · Bergamotte · Salbei · Minze · Malve
Schnittlauch · Lavendel · Gänseblümchen · Rosen · Borretsch · Kamille
Zitrone · Safran · Zucchini · Rucola · Fenchel · Fuchsie · Sonnenblume
Löwenzahn · Primel · Hibiskus · Tigerlilie · Basilikum · Nachtkerze
Rosmarin · Klee · Kapuzinerkresse · Veilchen · Ringelblume
Begonie · Jasmin · Geranie · Flieder · Orchidee · Chrysantheme
Lotusblume · Holunderblüte · Tulpe · Pfingstrose

Folgende Blumen hingegen sind hochgiftig und sollten keinesfalls gegessen werden:

Maiglöckchen · Hortensie · Narzisse · Weihnachtsstern · Rhododendron
Edelwicke · Glyzinie · Goldregen

[Es sei darauf hingewiesen, dass der Genuss von Blumen für manche Menschen gesundheitsschädigende Auswirkungen haben kann, da Unverträglichkeiten und allergische Reaktionen nicht selten sind. Im Zweifelsfall sollte vor Zubereitung und Verzehr eine Expertenmeinung eingeholt werden.]

KASSELER & CASSELER

Fälschlicherweise wird oft angenommen, der Kasseler Braten stamme aus dem nordhessischen Kassel. In Wahrheit handelt es sich um ein Berliner Gericht, das seinen Namen einem Metzgermeister namens Cassel verdankt. Dieser kam um 1900 in seiner Fleischerei in der Potsdamer Straße 15 erstmals auf den abenteuerlichen Gedanken, Schweinefleisch erst zu pökeln und dann zu räuchern.

KUBANISCHE ZIGARRENFORMATE

Es gibt ein Vielzahl von Fachausdrücken für die Größe kubanischer Zigarren. Hier eine kleine Auswahl:

Größe	Länge (cm)	Durchmesser (mm)
Demi-Tasse	10–11	15
Très Petit Corona	11	16
Panetela	10–17	10
Petit Corona	12,5	16–17
Robusto	12	20
Corona	14–15	15–17
Piramide	14–17	19,5–21,5
Belicoso	14–17	19,5–21,5
Corona Gorda	14,3	18,26
Corona Extra	14,3	18,26
Laguito Nr. 2	15,2	15,08
Lonsdale	15	16–17
Coronas Grandes	15–16	39–42
Churchill	17	17–19
Laguito Nr. 1	19,2	15,08
Double Corona	19	20
Gran Corona	14–15	16–19

Beispielskizze: Panetela, Corona, Double Corona

Die Größen können je nach Hersteller geringfügig variieren.

GANDHIS LEIBSPEISE

In einem Brief an die Wochenzeitung *Young India* beschrieb Mahatma Gandhi 1929 seine täglichen Essgewohnheiten wie folgt:

8 tola keimender Weizen · 8 tola zerstoßene grüne Blätter
8 tola süße Mandelpaste · 6 saure Zitronen · 50 g Honig

Die Einheit tola *basiert auf dem Gewicht der alten 1-Rupien-Münze – etwa 11 g.*

VATEL & SELBSTMORD

François Vatel war ein französischer Meisterkoch, der für seine aufwändigen und prächtigen Festessen berühmt war und dem man die Erfindung zahlreicher bekannter Gerichte nachsagt – darunter auch die *Crème Chantilly*. Ludwig II. von Bourbon, Prinz von Condé, hatte Vatel aus den Diensten von Nicolas Fouquet abgeworben, damit er an seinem Hof als kulinarischer Zeremonienmeister diente. Die Krönung von Vatels Karriere bei Hofe hätte eigentlich im Jahr 1691 kommen sollen, als Condé Ludwig XIV. einlud, einige Tage bei ihm auf Schloss Chantilly zu verbringen (wohl mit der Absicht, den Sonnenkönig um eine größere Summe Geld anzugehen). Zu Vatels Entsetzen reichte schon am ersten Abend das Fleisch nicht aus, um einen unerwarteten Zustrom von Gästen zu versorgen, und ein Feuerwerk, das 16 000 Francs gekostet hatte, ging buchstäblich nicht in die Luft. Was am nächsten Tag geschah, ist einem Brief zu entnehmen, den Madame Marie de Sévigné kurz nach den tragischen Ereignissen verfasste:

Um vier Uhr morgens geht Vatel überall herum und findet alles im Schlaf, er begegnet einem kleinen Lieferanten, der ihm nur zwei Ladungen Seefisch bringt, und fragt ihn: „Ist das alles?" Der antwortet: „Ja, Herr." Er wusste nicht, dass Vatel an alle Seehäfen geschickt hatte. Vatel wartet einige Zeit, die anderen Lieferanten kommen nicht, sein Kopf glüht, er glaubt, dass er weiter keine Fische bekommen wird. Er geht zu Gourville und sagt ihm: „Diese Schmach werde ich nicht überleben, meine Ehre und mein Ruf stehen auf dem Spiel." Gourville lacht über ihn, Vatel geht hinauf in sein Zimmer, bringt seinen Degen an der Tür an und sticht ihn sich durchs Herz; aber erst beim dritten Stoß (denn die beiden ersten waren nicht tödlich) stürzt er zusammen. Inzwischen kommen die Fische von allen Seiten, man sucht Vatel, damit er sie verteile, man kommt an sein Zimmer, man klopft, man schlägt die Tür ein, man findet ihn in seinem Blut schwimmen.

Vatel war jedoch keineswegs der einzige Chefkoch, der sich nach einem vermeintlichen gastronomischen Debakel das Leben nahm. Als Alain Zick 1966 erfuhr, dass man seinem Pariser Restaurant *Relais des Porquerolles* einen Michelin-Stern aberkannt hatte, jagte er sich eine Kugel in den Kopf. Im Jahr 2003 suchte Bernard Loiseau denselben Ausweg, als die Wertung seines Drei-Sterne-Restaurants *Côte d'Or* im *GaultMillau*-Führer von 19/20 auf 17/20 sank. Loiseau, der 1995 mit dem Orden der französischen Ehrenlegion ausgezeichnet worden war, hatte einst verkündet: „Wir verkaufen Träume. Wir sind die Händler des Glücks." Einem Kollegen zufolge hatte aber auch er gedroht: „Wenn ich einen [Michelin-] Stern verliere, bringe ich mich um."

EINIGE GEWÖHNUNGSBEDÜRFTIGE NATIONALGERICHTE

GERICHT	LAND	ZUTATEN
Blood Pudding	England	*Blut, Fett, Fleischreste*
Haggis	Schottland	*Schafsmagen, gefüllt mit Haferflocken*
Blubber	Alaska	*rohes Fett von Meeressäugern*
Warmes Affenhirn	Taiwan	*Affenhirn aus aufgesägtem Schädel*
White Castle Sliders	USA	*würfelförmiger Hamburger*
Baalut	Philippinen	*rohes Ei mit Hühner-Embryo*
Eskimo-Eis	Alaska	*Karibu-Fett, Seehundöl, Preiselbeeren*

WILHELM BUSCH ÜBER ESSEN UND TRINKEN

Es blüht die Wurst nur kurze Zeit, die Freundschaft blüht in Ewigkeit.
Der Bock ist ein Tier, welches auch als Bier getrunken werden kann.
Es ist bekannt von alters her, wer Kummer hat, hat auch Likör.
Wer durch des Argwohns Brille schaut, sieht Raupen selbst im Sauerkraut.
Das Trinkgeschirr, sobald es leer, macht keine rechte Freude mehr.

FRÜCHTE DER SAISON

Der Begriff „Früchte (oder Gemüse) der Saison" erscheint angesichts des heutigen globalen Lebensmittelmarktes veraltet. In einem deutschen Saisonkalender von 1905 findet man hingegen noch folgende Angaben:

Äpfel .... *September–Dezember*
Aprikosen ...... *August–September*
Artischocken . *Februar–April, Juli–September*
Blumenkohl ..... *März–September*
Champignons ..... *Juni–September*
Erdbeeren .... *Juni–August*
Gurken .... *Juni–August*
Herzkohl .... *Juli–November*
Himbeeren .... *Juni–August*
Kartoffeln .... *September–März*
Kastanien .... *November–Januar*
Märkische Rüben . *Januar–Februar*
Melonen .... *Juli–September*
Möhren .... *Juli–Februar*
Morcheln .... *Mai*

Pastinaken .... *Januar–März*
Quitten .... *Oktober–November*
Rapünzchen [Feldsalat].. *Februar–April*
Schwarzwurzeln.... *Februar–April*
Spargel .... *Mai–Juni*
Spinat .... *März–Mai, Oktober–November*
Tomaten .... *September–November*
Weintrauben .... *Oktober*

Sobald ein frisches Kelchlein blüht,
es fordert neue Lieder;
und wenn die Zeit verrauschend flieht,
Jahreszeiten kommen wieder.
– Johann Wolfgang von Goethe

ESSEN & TRINKEN DER BAY CITY ROLLERS

Das 1974 erschienene Album *Rollin'* der Bay City Rollers beinhaltet viele zeitlose Hits wie *Shang-a-Lang* und *Summerlove Sensation*. Auf der Innenhülle der LP werden die Lieblingsspeisen und -getränke der Bandmitglieder genannt:

Steak (durchgebraten)	Alan Longmuir	*brauner Rum mit Minze*
Currygerichte	Derek Longmuir	*Cola, Milch*
Schollengratin, Entenbraten	Les McKeown	*Cointreau mit Zitrone & Limette*
Rinderpastete, Pommes, Hamburger	Stuart Wood	*Cola*
Salat, Joghurt, flambierter Pfirsich	Eric Faulkner	*Wodka, Wein, Tee*

Dem Innencover des Albums sind weitere hochinteressante Vorlieben und Abneigungen der Bay City Rollers zu entnehmen: Alan mag keine „vorlauten Leute", Derek weder „Angeber" noch „Regen"; Les hat eine Abneigung gegen „Eifersucht und Röhrenhosen", Stuart gegen „kaltes Wetter und Pizza", aber dafür mag er es, „Leute zu treffen und in Hotels zu wohnen". Eric wiederum mag „lebhaftes Publikum und Alans Gesang", aber keine „Bierhefe".

DIE HIERARCHIE DER GASTRONOMIE

```
        GASTRONOME
         GOURMET
      FRIAND (Schlemmer)
         GOURMAND
      GOULU (gieriger Esser)
       GOINFRE (Vielfraß)
```

GOURMAND	GOURMET
Jemand, der gerne, gut und viel isst	Kenner und Liebhaber der gehobenen Küche

ZUCKER IM SEKT

Viele Sorten Schaumwein sind naturgemäß sehr trocken. Um den Geschmack auszugleichen, wird Zucker hinzugefügt. Hier sind einige der Höchstwerte.

Bezeichnung	*Zuckerzusatz g/l*		
		Extra dry	12–20
		Sec	17–35
Extra brut	< 6	Demi-sec	33–50
Brut	< 15	Rich / doux	>50

VITAMINE IM BIER

Laut Bayerischem Brauerbund enthält ein deutsches Lagerbier folgende Vitamine:

Vitamin	% Tagesbedarf pro l	mg/l
B1 (Thiamin)	2	0,028
B2 (Riboflavin)	20	0,336
B5 (Pantothensäure)	24	1,5
B6 (Pyridoxin)	36	0,61
B9 (Folsäure)	38	0,086
Biotin	18	0,012
Niacin	46	7,73
B12 (Cobalamin)	27	0,82

SWIFT ÜBER BLÄHUNGEN (II)

In seiner bemerkenswerten Abhandlung über Blähungen (siehe S. 68) liefert Swift (alias Flatulent Puffendorff) die folgende Definition eines Furzes:

Ein Farz ist ein Vapor nitro-acreus, ein aus Salpeter und Luft bestehender Dunst, der von einer anliegenden Pfütze stagnierenden oder stillstehenden Wassers von einer salinischen oder salzigen Natur exhalieret oder ausdämpfet und durch die gelinde Hitze eines Balnei STEROCARII (oder Dreck-Bades) mit einem starken Empyreuma, Brandruch oder Nach-Schmack, in der Nase (oder Schnautze) eines mikrokosmischen Alembici oder Brenn-Kolben, rarifizieret und sublimieret (verdünnt und erhöhet) und durch die zusammendrückende Gewalt der austreibenden Vermöglichkeit durch die Posteriora oder Hinter-Backen gezwungen wird.

Seine Argumentation beruht im Wesentlichen auf drei Punkten: erstens, dass Frauen, so sie ihren „Bauch-Wind" unterdrücken, unter „üblen Folgen" zu leiden haben; zweitens, dass das Furzen weder das „Kanonische Gesetz" noch das Gesetz der Natur verletze (obgleich es durchaus „dem Bürgerlichen Gesetz entgegen zu laufen scheinet"); und drittens, dass es eine Vielzahl von Vorteilen berge, „welcher die Weibsbilder durch eine unbegrenzte Freiheit derselben sich unfehlbar zu erfreuen haben werden". Zu diesen zählen beispielsweise, dass sich Damen somit ohne jegliche Bedenken dem Genuss von „Erbs-Brühe" oder „in Flaschen abgefülltem Apfel-Wein" hingeben könnten – abgesehen von einer generell „großen Beförderung der Fröhlichkeit". Denn, so Puffendorff weiter, „ein einziger Farz, der seinem Kerker-Meister (dem Hintern) entwischt", sorge in der Regel für nicht weniger als „ein halbstündiges Gelächter".

BESINNLICH

Besinnlich nennt man das dezente Perlenspiel eines edlen Champagners.

Schotts Sammelsurium Essen & Trinken

———————————— GARZEITEN ————————————

Fleisch   *Zeit* (Ofen 190 ºC · GAS 5)   *Kerntemperatur* (°C)

LAMM .. *blutig* .... 20 min pro 450 g + 20 min 60–70
        halb durch ..... 25 min pro 450 g + 25 min 70–75
        durch .... 30 min pro 450 g + 30 min 75–80
RIND ... *blutig* .... 20 min pro 450 g + 20 min 60
        halb durch ..... 25 min pro 450 g + 25 min 70
        durch .... 30 min pro 450 g + 30 min 80
SCHWEIN .... 35 min pro 450 g + 35 min 80–85
HUHN .... 20 min pro 450 g + 20 min 80–85
TRUTHAHN .... 25 min pro 450 g + 20 min
FASAN .... 25 min pro 450 g
HIRSCH .... 25 min pro 450 g
HASE .... 20 min pro 450 g
WILDSCHWEIN .... 20 min pro 450 g
WACHTEL .... 20 min
ORTOLAN .... 15 min

HINWEIS: Stellen Sie sicher, dass gefrorenes Fleisch vor dem Zubereiten komplett aufgetaut ist. Kochen Sie die Füllung gesondert, damit sie vollständig durchgart. Lassen Sie den Braten 10–20 Minuten an einem warmen Ort, nachdem Sie ihn aus dem Ofen genommen haben. Versichern Sie sich, dass das Essen komplett durchgebraten ist und kochend heiß serviert wird. Benutzen Sie ein Fleischthermometer, und messen Sie an der dicksten Stelle des Bratguts, um sicherzustellen, dass die erforderliche Kerntemperatur erreicht wurde. Achten Sie bei Geflügel darauf, dass beim Anschneiden klarer Saft und kein Blut austritt. Im Zweifelsfall: *Servieren Sie nie ungares Fleisch* und beachten Sie die Zubereitungsvorschriften auf der Verpackung bzw. die Bedienungsanleitung Ihres Backofens.

———————— KRÄUTER UND GEWÜRZE AUF LATEIN ————————

KRÄUTER	GEWÜRZE
Basilikum ...... *Ocimum basilicum*	Ingwer .... *Zingiber officinale*
Dill .... *Anethum graveolens*	Kardamom .. *Elettaria cardamomum*
Estragon .... *Artemisia dracunculus*	Koriander ..... *Coriandum sativum*
Kerbel .... *Anthriscus cerefolium*	Kreuzkümmel .. *Cuminum cyminum*
Koriander .... *Coriandrum sativum*	Kümmel .... *Carum carvi*
Lorbeerblätter ...... *Laurus nobilis*	Kurkuma ...... *Curcuma domestica*
Majoran ...... *Origanum majorana*	Muskatnuss ..... *Myristica fragrans*
(Apfel-)Minze .. *Mentha rotundifolia*	Nelke .... *Eugenia caryophyllata*
Oregano .... *Origanum vulgare*	Piment .... *Pimenta dioica*
Petersilie ..... *Petroselinum crispum*	Safran .... *Crocus sativus*
Rosmarin ..... *Rosmarinus officinalis*	Sesam .... *Sesanum indicum*
Schnittlauch .. *Allium schoenoprasum*	Vanille .... *Vanilla fragrans*
Thymian .... *Thymus vulgaris*	Zimt ... *Cinnamomum zeylanicum*

DAS NOBELPREIS-BANKETT

Seit 1901 finden die Nobelpreisverleihung und das anschließende Festessen am 10. Dezember, dem Todestag von Alfred Nobel, statt. Am Festbankett nehmen die Preisträger, die schwedische Königsfamilie und Regierung sowie rund 1300 Gäste teil. Das Menü, das von der schwedischen Vereinigung zur Wahl des „Kochs des Jahres" zusammengestellt wird, bleibt bis zur letzten Minute geheim. Hier die Menüs der ersten Nobelpreisverleihung und die Speisefolge, die 100 Jahre später serviert wurde:

—— 1901 ——	—— 2001 ——
Hors d'œuvre	*Homard sur purée de chou-fleur et gelée de langoustines, salade de salicornes*
Suprême de barbue à la normande	
	Caille farcie au foie gras et sa poêle des cèpes et tomates sechées, asperges vertes et purée de cerfeuil
Filet de bœuf à l'impériale	
	Duo des glaces vanille et parfait de cassis meringue
Gelinottes rôties, salade d'Estrée	
	WEINE
Succès Grand Hôtel, pâtisserie	*1989 Louise Pommery Champagne*
	1997 Château Palmer Margaux
WEINE	*1998 Bernkasteler Badstube*
Niersteiner 1897	*Riesling Eiswein Mosel-Saar-Ruwer*
Château Abbé Gorsse 1881	*Café · Grönstedts Rarissime*
Champagne Crème de Bouzy	*Grand Champagne*
Doux et Extra Dry	*Cointreau*
Xerez	*Eau minérale de Ramlösa*
Der Friedenspreis ging zu gleichen Teilen an Jean Henri Dunant und Frédéric Passy.	Der Friedenspreis ging zu gleichen Teilen an die Vereinten Nationen und Kofi Annan.

Zwei Speisen sind in den letzten Jahren vollends von der Speisekarte des Festessens verschwunden. So wird aus Gründen der kulturellen Rücksichtnahme kein Schweinefleisch mehr zubereitet. Wild steht indessen nicht mehr auf dem Menü, weil König Karl XVI. Gustaf von Schweden jedes Jahr am 11. Dezember ein privates Dinner für die Preisträger veranstaltet, bei dem ein von ihm selbst erlegter Hirsch serviert wird.

KIDDUSH: SEGEN FÜR WEIN & BROT

— DER JÜDISCHE SEGEN FÜR WEIN —

בָּרוּךְ אַתָּה יְיָ אֱלֹהֵינוּ מֶלֶךְ הָעוֹלָם בּוֹרֵא פְּרִי הַגָּפֶן

„Bar-uch Atar Adonai, Elo-henu melech ha-olam, borey p-ree ha-gafen"

Gelobt seist Du, Ewiger, unser Gott, König der Welt, der Du die Frucht des Weinstocks erschaffen hast.

— DER JÜDISCHE SEGEN FÜR BROT —

בָּרוּךְ אַתָּה יְיָ אֱלֹהֵינוּ מֶלֶךְ הָעוֹלָם הַמּוֹצִיא לֶחֶם מִן הָאָרֶץ

„Bar-uch Ata Adonai, Elo-henu melech ha-olam, hamotzi lech-em min ha-arets"

Gelobt seist Du, Ewiger, unser Gott, König der Welt, der Du Brot aus der Erde hervorbringst.

ESSEN & SCHWANGERSCHAFT

Experten raten schwangeren Frauen, auf folgende Nahrungsmittel zu VERZICHTEN: Rohmilchkäse (Camembert, Appenzeller), Pasteten, ungekochte bzw. halbgare Fertiggerichte, rohe Eier oder Gerichte mit rohen oder zu kurz gekochten Eiern. AUFMERKSAM sollte darauf geachtet werden, dass alle Speisen angemessen zubereitet bzw. durchgegart sind, insbesondere Würstchen und Hackfleisch. Während einige Fachleute für die absolute Abstinenz von ALKOHOL eintreten, erlauben andere das Trinken geringer Mengen. Zumeist wird ferner empfohlen, den Konsum von KOFFEIN auf ca. 300 mg pro Tag zu reduzieren. Alle Fachleute hingegen empfehlen schwangeren Frauen, sowohl mit dem RAUCHEN aufzuhören, als auch den Genuss anderer RAUSCHMITTEL vollständig zu vermeiden.

BLAUES ESSEN

Oft heißt es, in der Natur gebe es keine blauen Nahrungsmittel [siehe auch *Smarties*, S. 82], in *The Curiosities of Food* (1859) berichtet P. L. Simmonds indes:

> *Das bläuliche Fleisch des Tukans ist – trotz des riesigen und recht unansehnlichen Schnabels des Tieres – ein ebenso nahrhaftes wie schmackhaftes Essen; und es gibt keinen Vogel, der für den Genießer auf Trinidad eine köstlichere Mahlzeit darstellt.*

Schotts Sammelsurium Essen & Trinken

VERDAUUNGSZEITEN

In *Ogilvie's Encyclopedia of Useful Information* (1898) findet sich folgende (wenig wissenschaftliche) Auflistung der Zeit, die man braucht, um verschiedene Lebensmittel zu verdauen:

Reis .... 1 Stunde	Eier (gekocht) 3	Käse .... 3 ½
Rohmilch........ 1 ¼	Rindfleisch (gebraten) . 3	Steckrüben ...... 3 ½
Äpfel .... 1 ½	Brot (frisch) .... 3 ¼	Geflügel (gebraten) 4
Eier (roh) .... 1 ½	Möhren (gekocht) .. 3 ¼	Kohl............. 4 ½
Milch (gekocht)....... 2	Butter .... 3 ½	Kalb (gebraten)..... 5 ½

ÜBER DAS KOCHEN

AUGUSTE ESCOFFIER · Eine gute Küche ist das Fundament allen Glücks.

LUCIANO PAVAROTTI · Kochen ist eine Kunst und keineswegs die unbedeutendste.

GÜNTER GRASS · Ich halte Kochen für einen schöpferischen Vorgang, der sich allerdings von den Künsten dadurch unterscheidet, dass man ihn unmittelbar vom Endprodukt her genießen kann.

LORD BYRON · Das Wichtigste an der Kochkunst scheint mir nicht der Einfallsreichtum der Köche zu sein, sondern die Fantasie derjenigen, die für die gleichen Gerichte immer neue Namen erfinden.

MIGUEL DE CERVANTES · An deinem Herd bist du genauso ein König wie jeder Monarch auf seinem Thron.

GEORGE MEREDITH · Küsse vergehen, Kochkunst bleibt bestehen.

WILHELM BUSCH · Wer einen guten Braten macht, hat auch ein gutes Herz.

PAUL BOCUSE · Wenn ein Architekt einen Fehler macht, lässt er Efeu darüber wachsen. Wenn ein Arzt einen Fehler macht, lässt er Erde darüber schütten. Und wenn ein Koch einen Fehler macht, gießt er ein wenig Soße darüber und sagt, dies sei ein neues Rezept.

WIE MAN SEIN STEAK BESTELLT

DEUTSCH	ENGLISCH	FRANZÖSISCH	ITALIENISCH	SPANISCH
englisch .... *very rare*	.... *bleu*............	*molto al sangue*	..*muy poco hecho*	
blutig ...... *rare*.........	*saignant*	*al sangue*	*poco hecho*	
halb durch. .*medium*	*à point*	*al puntino*	*mediano hecho*	
durch ...... *well done*	*bien cuit*	*ben cotto*	*muy hecho*	

PICA

Unter Pica (auch Pikazismus, Parorexie) versteht man eine Essstörung, über die bisher wenig bekannt ist. Normalerweise wird sie definiert als die oft zwanghafte Aufnahme von eigentlich Ungenießbarem.[†] Für gewöhnlich denkt man bei Pica an Schwangere, die mitunter ein heftiges Verlangen nach bizarren Dingen wie Holz, Kohle, Seife oder Zahnpasta überkommt. Ärzte beobachten Pica aber auch bei anderen Gruppen, darunter Kinder und psychisch Kranke. Über die Ursache dieser Störung herrscht wenig Einigkeit – wobei es einen Zusammenhang zwischen dem merkwürdigen Verlangen während der Schwangerschaft und einem anormalen Eisenspiegel zu geben scheint. Um Essstörungen zu kategorisieren, greifen Ärzte zu Begriffen, die den Verzehr von anormalen Dingen und die dabei entstehenden mechanischen Probleme beschreiben:

MATERIALIEN

Amylophagie .... *Stärke*
Cautopyreiophagie ... *abgebrannte Zündhölzer*
Koprophagie .... *Exkremente*
Geomelophagie .... *rohe Kartoffeln*
Geophagie .... *Erde, Lehm*
Hyalophagie .... *Glas*
Lithophagie .... *Steine*
Monophagie .... *nur eine Nahrungsart*
Pagophagie .... *Eis, Schnee*
Plumbophagie .... *Blei*
Trichophagie .... *Haare*

PHYSISCHE STÖRUNGEN

Aerophagie .... *Luftschlucken*
Bradyphagie .... *krankhafte Langsamkeit*
Dysphagie .... *Schluckbeschwerden*
Odynophagie ... *Schluckschmerzen*
Polyphagie .... *Heißhunger*
Sialophagie .... *krankhafter Speichelfluss*

[†] Der Begriff leitet sich ab vom lateinischen Wort für Elster, *pica* – ein für sein räuberisches Allesfressertum berüchtigter Vogel.

EUROPÄISCHE EISESSER

Kurioserweise führen die Skandinavier – nicht etwa die Italiener – die Liste der europäischen Eisnationen an. Geordnet nach dem jährlichen Pro-Kopf-Verbrauch von Speiseeis von 2003 ergibt sich folgendes Bild:

Land	*Eiskonsum (l)*
Finnland	12,9
Schweden	12,5
Dänemark	10,6
Italien	9,5
Irland	8,5
Deutschland	8,4
Belgien	8,3
Schweiz	7,6
Österreich	7,5
Großbritannien	6,6
Frankreich	6,0
Niederlande	5,9
Portugal	4,2

Schotts Sammelsurium Essen & Trinken

MAIKÄFERBOUILLON

Bis in die 1950er Jahre erhielt man in französischen Restaurants eine Bouillon, die aus gerösteten Maikäfern hergestellt wurde.

ZUTATEN
1 Pfund Maikäfer · 80 g Butter · 100 g Kalbsfilet · Schnittlauch

ZUBEREITUNG
Flügeldecken und Beine der Maikäfer entfernen und in Butter braten, bis sie knusprig sind. Mit Hühnerbrühe abkochen, geschnittene Kalbsleber dazugeben und mit Schnittlauch und geröstetem Weißbrot servieren.

Generell ist der Verzehr von Insekten aufgrund ihres hohen Eiweißgehalts zu empfehlen. Man sollte allerdings darauf achten, die Tiere nur von ausgewiesenen Züchtern zu beziehen, da sie sehr anfällig für Umweltgifte sind.

PRÄRIEAUSTERN

Sobald Testikel auf der Speisekarte stehen, neigen sie dazu, sich hinter verschämten Euphemismen zu verstecken. Was in Deutschland *Spanische Nieren* oder auch *Stierheberl* heißt, nennen die Engländer *stones* (Steine) oder *fries* (Gebratenes), die Spanier hingegen *criadillas* (Trüffeln). Die Amerikaner sprechen von *prairie oysters* (Prärieaustern), und es heißt, beim „Testicle Festival" in Montana würden jedes Jahr rund zwei Tonnen frittierte Stierhoden gegessen. In Italien wiederum ist die Rede von *testicoli* oder *granelli* (Körner), während man in Frankreich von *rognons blancs* (weißen Nieren) oder *frivolités* (Frivolitäten) spricht.

EINIGE BIERE DIESER WELT

Hinano	Tahiti	*Quilmes*	Argentinien
Castle Lager	Südafrika	*Rüütli Olu*	Estland
Tinima	Kuba	*Sagres*	Portugal
Efes Pilsen	Türkei	*Sapporo*	Japan
Hite	Südkorea	*Star Beer*	Nepal
Hue Beer	Vietnam	*Tiger Beer*	Singapur
Keo	Zypern	*Tsingtao*	China
Zywiec Krakus	Polen	*Victoria Bitter*	Australien
Cobra	Indien	*Xingu*	Brasilien
Maccabee	Israel	*Voodoo Dark*	Benin
Obolon Premium	Ukraine	*Carib*	Trinidad
Prestige Stout	Haiti	*Akosombo*	Ghana

ABSINTH

Absinth – auch bekannt als *Die Grüne Fee, Der Grüne Fluch, Die Königin der Gifte* oder *Die Pest* – ist ein hochprozentiger grüner Branntwein (60–80 Vol.-%), der mit verschiedenen aromatisierenden Kräutern, wie z. B. Engelwurz, Dictamus, Kalmuswurzel oder Sternanis, versetzt wird. Doch ist es der Wermut (*Artemisia absinthium*), der dem Absinth seine berühmt-berüchtigte halluzinogene Wirkung verleiht, aufgrund derer er in einer ganzen Reihe von Ländern verboten ist – und die ihn bei Generationen von Künstlern, Dichtern und Schriftstellern so populär gemacht hat:

PAUL VERLAINE · In Paris, wo das Bier fürchterlich schmeckt, stürzte ich mich auf Absinth, Absinth am Tage und in der Nacht.

ERNEST DOWSON · Absinth macht das Weib anschmiegsamer.

PAUL GAUGIN · Ich sitze vor meiner Tür, rauche eine Zigarette und schlürfe meinen Absinth, ich genieße jeden Tag und bin ohne Sorgen.

VOLTAIRE · Der erste Monat nach der Hochzeit ist der Honigmond, und der zweite ist der Absinth-Mond.

OSCAR WILDE · Ein Glas Absinth ist so poetisch wie alles in der Welt. Was ist der Unterschied zwischen einem Glas Absinth und einem Sonnenuntergang?

MARIE CORELLI · ... das wunderbarste Stärkungsmittel der Welt – trink und du wirst sehen, dass deine Sorgen verflogen sind – und du selbst verwandelt!

ERNEST HEMINGWAY · ... diese bittere, die Zunge betäubende, Gehirn und Magen wärmende, Gedanken verändernde flüssige Alchemie.

Doch längst nicht alle, die schon einmal Absinth probiert haben, berichteten so überschwänglich:

JORIS-KARL HUYSMANS · Selbst wenn man ihn mit einem Stück Zucker etwas genießbarer macht, stinkt Absinth noch nach Kupfer und hinterlässt einen Geschmack, als hätte man zu lange auf Metallknöpfen herumgelutscht.

DR. VALENTIN MAGNAN · Im Falle des Absinthismus ist das halluzinatorische Delirium besonders schwerwiegend, Furcht einflößend, und es ruft zuweilen hochgradig gewalttätige und gefährliche Reaktionen hervor.

Glaubt man Alec (dem Bruder von Evelyn) Waugh, hat der Konsum von Absinth einen potenzierenden Effekt, der die Rauschwirkung jedes darauf konsumierten Getränks verdoppelt. Und auch seine gefährlichen Eigenschaften als Nervengift sind seit langem bekannt. Interessanterweise trägt Wermut in einigen nordslawischen Sprachen den unheilvollen Namen „Tschernobyl".

Schotts Sammelsurium Essen & Trinken

CURRY

Die Geschichte des Curry ist äußerst umstritten, obgleich die meisten Kommentatoren zu dem Schluss kommen, dass die in Westeuropa beliebten Currygerichte nur wenig mit „authentischem" indischem Essen zu tun haben. Der Begriff „Curry" geht ursprünglich auf das tamilische Wort für gewürzte Soße (*kari*) zurück und erreichte das Englische über seine kanarischen (*karil*), portugiesischen (*caril*) und französischen Varianten (*cari*). Zum ersten Mal tauchte es im englischen Sprachraum in den 1950er Jahren auf. Nachfolgend sind einige der beliebten Currys aufgelistet, wie man sie auf der Speisekarte indischer Restaurants findet:

Curry	Typische Zutaten	Schärfe [1–5]
BALTI	langsam im Wok gegart	variiert
BHUNA	trocken, mit reichhaltiger Kokosnusssoße	2
BIRIANI	scharfes Reiscurry	variiert
CEYLON	mit Kokosnuss, Zitrone und Chili	3
DHANSAK	fast süßes Gericht, serviert mit Linsenpüree	3
DOPIAZA	enthält viele Zwiebeln	3
JALFREZI	mit grüner Paprika, Chilis und Zwiebeln	3
KASHMIR	süß, mit Früchten (oft auch Litschis)	3
KORMA	sahnig, häufig mit Mandeln	1
MADRAS	mit Tomaten, Mandeln, Zitronensaft u. Chilis	4
PASANDA	sahnig, mit Kokosnuss und Mandel	1
PHAL	Chilis, Chilis und Chilis: wahnsinnig scharf!	6
RHOGAN JOSH	mit Lamm, Joghurt, Chilis u. Tomaten	4
TALI	Platte mit verschiedenen Gerichten	variiert
TIKKA MASALA	sehr beliebt, aromatisch und sahnig	1
VINDALOO	sauer, mit Tomaten, Chili und Kartoffeln	5

NIGELLAS BISS

Die Samen der Nigella (*Nigella sativa*), auch Schwarzkümmel genannt, werden häufig als Zutat in der indischen Küche verwendet, u. a. um Brot wie Naan zu würzen. Ihr pfefferartiger Geschmack verleiht ihnen einen leichten Biss.

HEINE ÜBER TEE

Die Göttin hat mir Tee gekocht und Rum hineingegossen;
Sie selber aber hat den Rum ganz ohne Tee genossen.

— HEINRICH HEINE, *Deutschland. Ein Wintermärchen* (1844)

ESSEN UND POLITIK

JUVENAL · *Duas tantum res anxius optat, panem et circenses.* (Das Volk wünscht sich ängstlich nur zwei Dinge: Brot und Spiele.)

MARIE ANTOINETTE · *Nachdem sie erfuhr, dass das Volk kein Brot habe:* Lasst sie Kuchen essen! [zugeschrieben]

TALLEYRAND · In England gibt es drei Soßen und 360 Religionen; in Frankreich gibt es drei Religionen und 360 Soßen.

HERMANN GÖRING · Kanonen statt Butter! Zu viel Fett – zu dicke Bäuche. Ich habe selbst weniger Butter gegessen und habe zwanzig Pfund abgenommen.

NAPOLEON BONAPARTE · Eine Armee marschiert auf ihrem Magen. [zugeschrieben]

WINSTON CHURCHILL · Es gibt keine bessere Investition, als Milch in ein Baby zu füllen.

BENJAMIN FRANKLIN · Wer Eitelkeit zum Mittagsbrot hat, bekommt Verachtung zum Abendbrot.

CHARLES DE GAULLE · Es ist schwer, ein Volk zu regieren, das 246 Sorten Käse hat!

JOHN F. KENNEDY · Der Krieg gegen den Hunger ist wahrhaftig der Befreiungskrieg der Menschheit.

FEINSCHMECKER UND VERDAUUNGS-STÖRUNGEN

Laut dem legendären französischen Gastro-Autor und -Kritiker Grimod de la Reynière (1758–1837) „wagt sich der wahre Feinschmecker niemals ohne Brechmittel aus dem Haus; dies ist die schnellste und sicherste Art, Verdauungsstörungen zu vermeiden".

CAIPIRINHA UND CACHAÇA

Der Zuckerrohrschnaps Cachaça ist (mit rund 38–54 Vol.-%) der wichtigste Bestandteil des Caipirinhas – dem Nationalcocktail Brasiliens. Für einen Caipirinha wird eine halbe Limette mit einem Teelöffel Zucker am Boden eines Cocktailglases zerstampft, bevor ein Schuss Cachaça hinzugegeben und das Glas mit gestoßenem Eis aufgefüllt wird. Cachaça hat viele Spitznamen in Brasilien. Einer davon – Parati – stammt von der gleichnamigen eleganten Kolonialstadt, die nicht nur für die Produktion des Schnapses, sondern auch als Veranstaltungsort von Südamerikas bedeutendstem Literaturfestival bekannt ist, dem *Festa Literária Internacional de Parati*.

SPRICHWÖRTLICHES ESSEN & TRINKEN

Zu viele Köche verderben den Brei
Frühstücke wie ein Kaiser, esse mittags wie ein König
und abends wie ein Bettelmann
Fisch muss schwimmen
Gut gekaut ist halb verdaut
Man kann nicht Speck haben und das Schwein behalten
Hunger ist der beste Koch
Chi ben sena ben dorme – Wer gut isst, schläft gut
Wein auf Bier, das rat ich dir; Bier auf Wein, das lass sein
Toute chair n'est pas venaison – Nicht alles Fleisch ist Wild
Liebe geht durch den Magen
Ein voller Bauch studiert nicht gern
Pain tant qu'il dure, vin à mesure – Esse nach Belieben, trinke nach Maß
Jedes Böhnchen gibt ein Tönchen
Ein Gläschen in Ehren kann niemand verwehren
Die verliebte Köchin versalzt die Speisen
Küsse vergehen, Kochkunst bleibt bestehen
Qui medice vivat, misere vivat – Wer für den Doktor lebt, lebt schlecht
Salz und Brot macht Wangen rot
Nach dem Essen sollst du ruhn oder tausend Schritte tun
Gut gesessen ist halb gegessen
God sends meat and the devil sends cooks – Gott schickt das Fleisch und
der Teufel die Köche
Der Mensch lebt nicht vom Brot allein
Die dümmsten Bauern haben die größten Kartoffeln
In der Not isst der Teufel Fliegen
A tavola non bisogna aver vergogna – Niemand schäme sich,
sein Fleisch zu essen
Kila nyama nyama tu – Fleisch bleibt Fleisch
Was der Bauer nicht kennt, frisst er nicht
Wess' Brot ich ess, dess' Lied ich sing
Besser ein Ei im Frieden als ein Ochs im Krieg
Der Appetit kommt beim Essen
Fabas indulcat fames – Der Hunger versüßt die Bohnen
Zum Mittag gutes Mahl und Abendtisch nur schmal
Sellerie tut Mami gut, wenn Papi ihn essen tut [siehe S. 65]
Aus andern Schüsseln schmeckt es immer besser
Wer nicht kommt zur rechten Zeit, muss essen, was übrig bleibt
In der Not isst der Teufel Wurst auch ohne Brot
Essen und Trinken hält Leib und Seele zusammen
Verba non alunt familiam – Bloße Worte ernähren keine Familie
Auf einen guten Bissen gehört ein guter Trunk
Käse schließt den Magen

Schotts Sammelsurium Essen & Trinken

VARRO ÜBER GASTMÄHLER

Dem römischen Gelehrten und Schriftsteller Marcus Terentius Varro (116–27 v. Chr.) zufolge sollte die Anzahl der Geladenen bei einem Gastmahl nicht kleiner als die Zahl der Grazien [3] und nicht größer als die der Musen [9] sein.

RICHTWERTE FÜR TRINKGELDER

Obwohl es weltweit unterschiedliche Vorstellungen davon gibt, welche Dienstleistungen ein Trinkgeld wert sind, ist es in den meisten Ländern üblich, der Bedienung 10–20 % der Rechnungssumme zu überlassen.

Summe	12½ %	15 %	20 %	Summe	12½ %	15 %	20 %
5	0,63	0,75	1,00	105	13,13	15,75	21,00
10	1,25	1,50	2,00	110	13,75	16,50	22,00
15	1,88	2,25	3,00	115	14,38	17,25	23,00
20	2,50	3,00	4,00	120	15,00	18,00	24,00
25	3,13	3,75	5,00	125	15,63	18,75	25,00
30	3,75	4,50	6,00	130	16,25	19,50	26,00
35	4,38	5,25	7,00	135	16,88	20,25	27,00
40	5,00	6,00	8,00	140	17,50	21,00	28,00
45	5,63	6,75	9,00	145	18,13	21,75	29,00
50	6,25	7,50	10,00	150	18,75	22,50	30,00
55	6,88	8,25	11,00	155	19,38	23,25	31,00
60	7,50	9,00	12,00	160	20,00	24,00	32,00
65	8,13	9,75	13,00	165	20,63	24,75	33,00
70	8,75	10,50	14,00	170	21,25	25,50	34,00
75	9,38	11,25	15,00	175	21,88	26,25	35,00
80	10,00	12,00	16,00	180	22,50	27,00	36,00
85	10,63	12,75	17,00	185	23,13	27,75	37,00
90	11,25	13,50	18,00	190	23,75	28,50	38,00
95	11,88	14,25	19,00	195	24,38	29,25	39,00
100	12,50	15,00	20,00	200	25,00	30,00	40,00

BRÖCKELN

Das Pökeln (die Haltbarmachung von Fleisch oder Fisch durch das Einlegen in Salz) müsste eigentlich „Bröckeln" heißen. Angeblich wurde es im 14. Jahrhundert vom flandrischen Fischer Wilhelm Bröckel erfunden, der damit seinen Fang konservierte. Der Name schliff sich erst im Laufe der Jahrhunderte zum heute gängigen „Pökeln" ab.

Schotts Sammelsurium Essen & Trinken

BEZOARE

Bezoare sind Zusammenballungen verschluckter, unverdaubarer Materialien, die sich im Magen oder Darmtrakt bilden können. Meist findet man Bezoare bei Tieren (in der Regel bei grasfressenden Wiederkäuern), und traditionell werden ihnen in vielen Kulturen magische Kräfte zugeschrieben. So galt beispielsweise das *Lapis bezoar orientale* als besonders wirkungsvolles Mittel gegen Gift. (Das Wort „Bezoar" leitet sich vom persischen *badzahr* ab: *bad* heißt „gegen" und *zahr* steht für „Gift".) In seltenen Fällen, gewöhnlich als Folge psychischer Störungen, treten Bezoare auch bei Menschen auf. Droht ein Bezoar die Funktion anderer Organe zu beeinträchtigen oder wichtige Versorgungswege des Körpers zu behindern („Rapunzelsyndrom"), sollte er dringend operativ entfernt werden. Man unterscheidet eine Reihe von Grundtypen des Bezoars beim Menschen:

Trichobezoar .... Ballen aus Haaren
Phytobezoar .... Ballen aus Pflanzenfasern
Trichophytobezoar .... Ballen aus Haaren und Pflanzenfasern
Laktobezoar .... Ballen aus geronnener, eingedickter Milch
Medikamentenbezoar .... Ballen aus Medikamentenresten

SCHEMA VON LEONARDOS LETZTEM ABENDMAHL

Bartholomäus | Jakobus d.J. | Andreas | Judas Ischariot | Petrus | Johannes | Jesus | Thomas | Jakobus d. Ä. | Philippus | Matthäus | Thaddäus | Simon

* *siehe Salz, S. 133*

HOT-DOG-WETTESSEN

Seit 1916 veranstaltet der New Yorker Würstchenverkäufer *Nathan's Famous* am 4. Juli, dem Nationalfeiertag der USA, ein Hot-Dog-Wettessen. Die erste Weltrekord-Marke setzte ein Ire mit 13 Hot Dogs, heute liegt der Rekord bei 53 Hot Dogs in zwölf Minuten und wird von einem Japaner gehalten.

AUFBEWAHRUNG IN KÜHLSCHRANK UND GEFRIERTRUHE

– EMPFOHLENE MAXIMALE LAGERZEITEN IM KÜHLSCHRANK –

Nahrungsmittel	*Tage (ca.)*
Milch	2–5
Weich- und Frischkäse	3–4
Schnitt- und Hartkäse	8–10
Sahne, Joghurt, ungeöffnet	14
Fruchtsaft, frisch gepresst	1–2
Eier, roh[§]	14
Blattgemüse (Salat, Spinat)	2
Fruchtgemüse (Paprika, Tomaten)	3
Wurzelgemüse (Sellerie, Möhren)	8
Beerenobst	2–3
Gemüse, gekocht	2
Kartoffeln, gekocht	2
Fisch, roh	1
Fisch, gekocht	1
Hackfleisch, roh	8 Std.
Hähnchen, roh	1–2
Kochwurst, geräuchert	2–4

(§ Idealerweise sollten Eier im Kühlschrank aufbewahrt werden.)

Sicherheitshinweis für Kühlschränke: Achten Sie darauf, den Kühlschrank nicht zu überladen, da die Temperatur dadurch auf ein unsicheres Niveau ansteigen kann. Bewahren Sie rohe und ungekochte Lebensmittel in geschlossenen Behältern. Lassen Sie heißes Essen auf natürliche Weise abkühlen, bevor Sie es in den Kühlschrank stellen. Prüfen Sie regelmäßig, dass die Temperatur des Kühlschranks 6 °C nicht übersteigt.

– EMPFOHLENE MAXIMALE LAGERZEITEN IN GEFRIERTRUHEN –

Nahrungsmittel	*Monate (ca.)*
Brot / Brötchen	1–3
Käse	2–4
Speiseeis	3–5
Sahne	6–7
Gehacktes vom Rind	3–4
Lamm	4–5
Rind	4–6
Schwein	4–6
Wild	10–11
Hähnchen	10–12
Obst	8–12
Fruchtsaft	4–5
Grünes Gemüse	10–12
Tomaten	6–7
Fertiggerichte	2–5
Öliger Fisch	3–4
Weißer Fisch	6–7

Sicherheitshinweis für Gefriergeräte: Bitte achten Sie auf das Mindesthaltbarkeitsdatum. Lebensmittel sollten mit Datum und Inhalt ausgezeichnet sein. Bewahren Sie rohe Lebensmittel getrennt und unterhalb von gekochten auf. Stellen Sie sicher, dass die Temperatur des Gerätes unter -18 °C liegt.

Im Lebensmittelgeschäft gekaufte Tiefkühlkost ist mit Anweisungen versehen, wie lange sie im Tiefkühlgerät aufbewahrt werden kann. Die folgenden Richtwerte beruhen auf der Skala der Gefrierfachsterne:

*[-6 ºC] ...... 1 Woche   **[-12 ºC] .... 1 Monat   ***[-18 ºC] .. 3 Monate

Schotts Sammelsurium Essen & Trinken

———————— BRISTOL-STUHLGANG-TYPEN ————————

Dr. K. Heaton und seine Mitarbeiter entwickelten 1992 den so genannten *Bristol Stool Form Chart* zur medizinischen Diagnose von Stuhlproben. Dabei werden die Darmaktivitäten in insgesamt sieben Typen unterteilt:

1	einzelne harte Klumpen, wie Nüsse	1
2	wurstförmig, aber klumpig	2
3	wurst- oder schlauchförmig, mit rissiger Oberfläche	3
4	wurst- oder schlauchförmig, glatt und weich	4
5	weiche Klümpchen mit scharf umrissenen Rändern	5
6	flockige Stückchen mit zerfetzten Rändern	6
7	Wasser, keine festen Stücke	7

Üblicherweise gelten die Typen 3 und 4 als gesunder Stuhlgang.

———————————— GEFÄNGNISESSEN ————————————

Die Insassen deutscher Justizvollzugsanstalten essen früh. Die genauen Uhrzeiten variieren jedoch von Gefängnis zu Gefängnis. Hier einige Beispiele:

JVA	Frühstück	Mittagessen	Abendessen
Stuttgart-Stammheim	6.00–6.30	10.45–11.45	15.15–15.45
Berlin-Tegel	6.20	11.30	17.20
Oldenburg	6.30	11.30	16.30
Heimsheim	6.00	11.50	16.45
Celle	6.00	12.00	k. A.
Hannover	7.00	11.20	17.00

Die Verpflegung der Inhaftierten ist im § 21 Strafvollzugsgesetz geregelt. Details über Art und Menge der zur Verfügung gestellten Nahrung regeln allerdings die länderspezifischen Verpflegungsordnungen. In Baden-Württemberg besteht die gewöhnliche Tagesverpflegung für gesunde Gefangene (Normalkost) aus drei Hauptmahlzeiten und richtet sich nach der von der Deutschen Gesellschaft für Ernährung empfohlenen Tageszufuhr an Nährstoffen. Zur optimalen Versorgung der Gefangenen soll das Frühstück 20 %, das Mittagessen 50 % und das Abendessen 30 % der Tagesverpflegung decken. Auf Antrag können bei Gefangenen, die aus religiösen, gesundheitlichen oder ideellen Gründen keine Normalkost zu sich nehmen, einzelne Nahrungsmittel durch andere ersetzt werden. Ein dezidierter Rechtsanspruch auf vegetarische Nahrung besteht nicht. „Einen Nachschlag bekommen" heißt im Knast-Jargon übrigens nicht etwa eine Extraportion Essen, sondern dass man zu einer erneuten Haftstrafe verurteilt wird.

Schotts Sammelsurium Essen & Trinken

VOGELNESTSUPPE

Die Vogelnestsuppe gilt in China seit Jahrhunderten als Delikatesse und wird (wie schon der Name sagt) aus dem Nestmaterial einiger südasiatischer Mauerseglerarten gekocht – für gewöhnlich *Collocalia whiteheadi*. Da diese Nester normalerweise in unzugänglichen Felsen und Höhlen gebaut sind, ist es extrem gefährlich, an sie heranzukommen, was ihren Preis entsprechend in die Höhe treibt. Die Nester werden üblicherweise im März geerntet, und die meisten Sammler sind anständig und warten, bis die Küken geschlüpft sind – allerdings brechen von Zeit zu Zeit regelrechte „Nestkriege" zwischen Erntenden und Wilderern aus. Die Nester bestehen aus Zweigen, Seegras, Speichel und Schleim – und die verschiedenen Zubereitungsarten sehen alle vor, die Nester erst einzuweichen und zu säubern, bevor sie bei kleiner Flamme langsam gekocht werden, um ihren Geschmack zu extrahieren. Bei einem besonders raffinierten Rezept stopft man das Nest in ein Huhn und kocht damit eine klare Brühe.

ALTE APOTHEKERMASSE UND -GEWICHTE

Maß	*entspricht*	*Gewicht*
1 Gran („Getreidekorn")	etwa 1 Pfefferkorn	0,06 g
1 Skrupel („Steinchen")	20 Gran	1,2 g
1 Drachme („Silbermünze")	3 Skrupel	3,6 g
1 Unze	8 Drachmen	28,8 g
1 Pfund	12 Unzen	345,6 g

KRÖNUNGS- UND JUBILÄUMSHÜHNCHEN

Das Geflügelgericht *Coronation Chicken* („Krönungshühnchen") wurde 1953 von Constance Spry und Rosemary Hume anlässlich der Krönung der englischen Königin Elisabeth II. erfunden. (Damals hieß es allerdings noch ganz und gar unenglisch Poulet Reine Elizabeth.) Tatsächlich wurde die Speise (kaltes Hühnchen in Sahne-Curry-Soße mit Salat aus Reis, grünen Erbsen und Kräutern) allerdings nicht beim Krönungsbankett selbst, sondern erst bei einem späteren Lunch mit den Staatsoberhäuptern des Commonwealth serviert. Zur Feier des fünfzigjährigen Kronjubiläums der Königin im Jahr 2002 hielt man einen Wettbewerb unter den königlichen Chefköchen ab, bei dem es darum ging, eine aktualisierte Version dieses Klassikers zu kreieren. Der (von der Queen höchstpersönlich auserkorene) Gewinner war Lionel Mann, dessen *Jubilee Chicken* („Jubiläumshühnchen") ebenfalls kalt gegessen wird, nun aber mit Crème fraîche, Ingwer und Limette verfeinert und mit einem Nudelsalat serviert wird.

Schotts Sammelsurium Essen & Trinken

ZUCKERSTUFEN

Bezeichnung	Temperatur (°C)	Kulinarische Verwendung
LÄUTERZUCKER	100	*Einmachen u. Glasieren von Früchten*
SCHWACHER FADEN	103–105	*Kandieren von Früchten*
STARKER FADEN	106–113	*Glasuren, Buttercreme*
SCHWACHER FLUG	112–116	*Baiser, gebrannte Mandeln*
STARKER FLUG	118–121	*Karamellbonbons*
BALLENPROBE	121–130	*Zuckerwaren, Marmelade*
SCHWACHER BRUCH	132–143	*Bonbonherstellung*
STARKER BRUCH	149–154	*saure Bonbons, Zuckerwatte*
KARAMELL[†]	160–170	*Pralinen, Krokant*
GEBRANNTER ZUCKER	176–182	*Zuckercouleur*

† Die Erfindung von Karamell wird allgemein den Arabern zugesprochen – das arabische Wort *qandi* heißt so viel wie „kristallisierter Zucker". Zunächst diente es jedoch als Enthaarungsmittel für Bewohnerinnen eines Harems.

SERVIETTEN FALTEN: „THE VICTORY"

I   II   III   IV

TOPONYMES ESSEN & TRINKEN

Angostura [Venezuela] .... Bitterlikör
Appenzeller [Schweiz] .... Käse
Berliner .... Pfannkuchen
Béarnaise [Béarn, Frankreich] ... Soße
Cayenne [Frz.-Guinea] .... Pfeffer
Dijon [Frankreich] .... Senf
Frankfurter.... Würstchen; Kranz; Grüne Soße
Hollandaise .... Soße
Irish [Irland].................. Kaffee
Karlsbader [Tschechien] .... Oblaten
Kieler .... Sprotten
Königsberger............... Klopse
Leipziger.................... Allerlei
Lübecker................ Marzipan
Mayonnaise [Mahón, Menorca]

Nürnberger .... Rostbratwurst; Lebkuchen
Parma [Italien]............ Schinken
Pfälzer................. Saumagen
Prager [Tschechien]........ Schinken
Sylter.................... Krabben
Szegediner [Ungarn] .... Gulasch
Tabasco [Mexiko] .... Soße
Tequila [Mexiko] ... Agavenschnaps
Wiener .... Schnitzel
Worcester [England]........... Soße
Neapolitaner [Italien]........ Waffel
Salzburger .... Nockerl
Schwarzwälder .... Kirschtorte
Selters [Niederselters] .... Wasser
Thüringer .... Rostbratwurst

– 120 –

KATERREZEPTE

„Der Zorn der Früchte" – Jeffrey Bernard über den Kater

Seitdem Alkohol getrunken wird – und Konsumenten unter den entsprechenden Nachwirkungen leiden –, ist die Menschheit auf der ehrenvollen, angesehenen (und nahezu alchemistischen) Suche nach dem ultimativen Heilmittel gegen den Katerschmerz. Der Ausdruck „Kater" (der medizinische Fachbegriff lautet *Veisalgia*) geht entgegen volkstümlicher Meinung nicht auf die vermeintliche Bösartigkeit männlicher Katzen zurück, sondern ist eine Verballhornung des „Katarrhs" (einer Schleimhautentzündung), die dem Jargon trinkfreudiger Studenten aus dem 19. Jahrhundert entstammt. Das homöopathische Prinzip *similia similibus curantur* („Ähnliches wird durch Ähnliches geheilt") bildet im Wesentlichen die medizinisch-philosophische Grundlage solch fragwürdiger Hausmittel wie Weinbrand (möglichst hochprozentig) oder einer scharfen Bloody Mary. Einige der etwas raffinierteren Katerrezepte sind:

DER DOKTOR · Ein rohes Ei, Weinbrand, Zucker und Frischmilch. (Brandy kann auch durch Sherry ersetzt werden.)

DIE KRANKENSCHWESTER · Ein Glas Sherry mit einem Glas kalter Milch vermischen und mit Nelken würzen.

TOMATEN-COCKTAIL · Tomatensaft mit Worcestersoße, Zitronensaft, Salz, Pfeffer und Tabasco.

HOT TODDY · Schwarztee mit Honig und Zitronensaft (üblicherweise mit Whisky getrunken).

DIE ROSS-KUR · Die geschälten Zehen einer ganzen Knoblauchknolle mit 300 ml Rotwein in einen Topf geben, den Wein kurz aufkochen und rund 20 min köcheln lassen.

INGWERTEE MIT HONIG · Mit kochendem Wasser aufgegossener frischer Ingwer hilft gegen Übelkeit; die in Honig enthaltene Fruktose fördert den Alkoholabbau.

CHAMPAGNER · Gilt bei vielen als die ultimative Katerkur. Einige empfehlen einen Spritzer Weinbrand, andere die Zugabe eines rohen Eises.

DER FLAMMENWERFER · Weinbrand mit Zitronensaft und Cayennepfeffer.

DIE BADEKUR · Mehrmals hintereinander baden – abwechselnd eiskalt und so heiß, wie man es gerade noch aushält.

BRAZIL RELISH · ½ Glas Curaçao mit einem rohen Ei verrühren und mit Maraschino auffüllen.

(Die alten Griechen glaubten an den AMETHYSTEN *als Mittel gegen Vergiftungen aller Art und schätzten deshalb aus diesem Stein gefertigte Trinkgefäße.)*

Schotts Sammelsurium Essen & Trinken

HALTBARKEIT EINIGER KONSERVEN

Konserve	Monate
Fleisch	6–12
Fisch	12
Babynahrung	12–24
Sauerkraut	14
Beeren	18
Pilze	20
Erbsen	20
Aprikosen	24
Fruchtcocktail	24
Pflaumen	24
Spargel	24
Tomaten	24
Feigen	24
Kondensmilch	24–36
Pfirsiche	27
Birnen	28
Äpfel	30
Möhren	30

(ungefähre Monatsangaben)

COGNAC-KÜRZEL

Die Einordnung und Bezeichnung von Cognac ist eine komplexe Angelegenheit, denn ungeachtet minimaler gesetzlicher Bestimmungen nehmen sich die Hersteller erhebliche Freiheiten bei der Benennung ihrer Produkte. Die folgende Nomenklatur ist weit verbreitet:

Bezeichnung	Alter (Jahre)
*** *oder* VS	2–5
VSOP	4 ½–10
XO *oder* Napoleon	6–20
Extra *oder* Grand Reserve	20–40

(Die Mindestlagerzeit beträgt 2 Jahre.)

Über die Jahrhunderte hat sich eine ganze Reihe von Begriffen eingebürgert, um Weinbrand im Allgemeinen und Cognac im Speziellen zu beschreiben. Die Kürzel VSOP, XO, XSO und VFOP basieren alle auf der folgenden Klassifikation:

E	extra	M	lieblich	P	hell	V	sehr
F	fein	O	alt	S	vorzüglich	X	extra

ROSMARIN UND WEIHNACHTEN

Rosmarin (*Rosmarinus officinalis*) war im 19. Jahrhundert eine beliebte Weihnachtsdekoration. Thomas Morus befand: „Dies Kraut ist der Erinnerung geweiht und somit auch der Freundschaft"; die Chorknaben von Ripon trugen es am Weihnachtsmorgen als ein Zeichen der Erlösung. Eine ganze Reihe von Legenden verbindet Rosmarin und Weihnachten: Es heißt, dass die purpurne Farbe des Krauts von den Mänteln der Jungfrau Maria herrührt; dass sein Duft von den Gewändern Christi stammt; dass die Pflanze nie höher wächst, als Christus groß war; dass der Rosmarinbusch, sollte er älter werden als Christus, also älter als 33 Jahre, seitwärts austreibt und nicht in die Höhe. Da Rosmarin mit Maria assoziiert wird, heißt es auch, dass er am besten wächst, wenn „Frau der Herr im Haus ist".

COLONEL SANDERS

Der Gründer von Kentucky Fried Chicken, Colonel Harland Sanders (1890–1980), war ein Mann vieler Berufe und Berufungen. Er war Farmarbeiter, Straßenbahnfahrer, Soldat, Dampflok-Heizer, Anwalt, Versicherungsvertreter, Fährmann, Reifenverkäufer, Tankstellenbesitzer und Koch. Sanders perfektionierte seine „geheime Mixtur" aus elf Kräutern und Gewürzen in einer Tankstelle in Corbin, Kentucky, in den 1930ern und verkaufte seine mittlerweile 600 KFC-Grillhütten zählende Restaurantkette im Jahr 1964 für zwei Millionen Dollar. Sanders' Titel ist kein militärischer Dienstgrad (er war nie mehr als ein Gefreiter), sondern eine Ehrung des Honorable Order of Kentucky Colonels[†], die ihm 1935 vom damaligen Gouverneur Ruby Laffoon in Anerkennung seiner Verdienste um die Kochkunst des Staates Kentucky verliehen wurde.

† *Zu der Vielzahl berühmter Kentucky Colonels zählte neben Mae West, Muhammad Ali, Lyndon B. Johnson und der Rockgruppe Exile auch Papst Johannes Paul II.*

GALANTINE

Galantine ist ursprünglich eine Pastetenfarce, die so in einen entbeinten Tierkörper eingerollt wird, dass die Form des Tieres noch erkennbar ist. Heute wird der Name für Rollpasteten jeglicher Form gebraucht.

KÜCHENKABINETT

Der Begriff „Küchenkabinett" bezeichnet informelle politische Beratungsrunden und wird auch heute noch gern verwendet, wenn es abschätzig um Politikerklüngeleien hinter dem Vorhang der Öffentlichkeit geht. Die Herkunft des Ausdrucks ist umstritten. Die wahrscheinlichste Variante geht auf das Jahr 1830 und den amerikanischen Präsidenten Andrew Jackson zurück, der es sich zu Eigen machte, private Treffen mit politischen Vertrauensleuten in der Küche des Weißen Hauses abzuhalten. Möglich ist indes auch, dass das „Küchenkabinett" seinen Ursprung im puritanischen England des 17. Jahrhunderts hat. So soll sich Oliver Cromwells Ehefrau Elisabeth wegen ihrer hausfrauenhaften Sichtweisen den Spott der Royalisten zugezogen haben. Man warf ihr vor, den Hof wie die Frau eines Kaufmanns zu betreiben und die politischen Handlungen ihres Mannes aus der Küche heraus zu lenken. Ein berühmtes deutsches Küchenkabinett wurde auch unter dem Namen „Elefantenrunde" bekannt. Diese bestand aus drei überaus prominenten (und nicht weniger elefantösen) Spitzenpolitikern der schwarz-gelben Regierungskoalition der 1980er Jahre, Helmut Kohl, Franz-Josef Strauß und Hans-Dietrich Genscher, und zog bis zu Strauß' Tod im Jahr 1988 ein großes Medieninteresse auf sich.

KRABBE BLAU

Ein in China beliebtes Gericht nennt sich „Betrunkene Shrimps". Einfach einen Liter Reiswein zum Kochen bringen, 20 lebende Shrimps hineingeben und nach ungefähr einer Minute mit Stäbchen aus dem Topf fischen. Den Kopf abbeißen und dann die Shrimps essen.

GOWERS-ROUNDS REGELN FÜR KELLNER

Der Universalgelehrte und Bonvivant Sir Wilfred Gowers-Round (1855–1945) war derart verärgert über das schlechte Benehmen und die verbreitete Unverfrorenheit von Kellnern, dass er ein, wie er es nannte, „Manifest von Vorschriften" für Bedienungen aufstellte:

[1] .... Die Aufgabe eines Kellners ist es zu dienen, *niemals* jedoch, sich in Gespräche einzumischen
[2] .... Das oberste Ziel des Kellnerns ist *unauffälliges Bedienen*
[3] .... Kellner haben gut gekleidet und sauber zu sein, und sie sollten *niemals* Kölnischwasser benutzen
[4] .... Unter *keinen Umständen* hat ein Kellner jemals einen Gast zu *berühren*
[5] .... Weingläser sollten *niemals* zu voll gegossen werden
[6] .... Kellner sollten *niemals* unaufgefordert Ratschläge erteilen
[7] .... Möchten Gäste ihren Wein gerne selbst eingießen, *sollte man sie lassen*
[8] .... Teller sollten nie abgeräumt werden, so lange nicht *alle* Gäste ihr Essen beendet haben – es sei denn, es wird explizit darum gebeten
[9] .... Weibliche Gäste sind mit dem *gleichen* Respekt zu behandeln wie männliche
[10] .... Die Rechnung sollte *ohne großes Aufheben* auf den Tisch gelegt werden

DER NAME DER TOMATE

Die Tomate ist ein Nachtschattengewächs und hat ihren Namen von der aztekischen Gottheit *Tomatl* (was so viel bedeutet wie „etwas prall Angeschwollenes"). Die lateinische Bezeichnung lautet *Solanum lycopersicum*, während andere deutsche Bezeichnungen *Paradiesapfel* oder (in Österreich) *Paradeiser* sind. Die Italiener sprechen von *pomo d'oro* („Goldapfel"), die Franzosen von *pomme d'amour* („Liebesapfel"). Weltweit soll es mehr als 10 000 verschiedene Sorten geben, die unter so fantasievollen Namen bekannt sind wie *Grünes Zebra, Japanisches Birnchen, Rotkäppchen, Bloody Butcher* oder *Abraham Lincoln*.

DAS MONSTER-EI

Bei dem „Monster-Ei" handelt es sich um ein kurioses Vorführgericht, das zu Unrecht etwas aus der Mode gekommen ist:

> *Ein oder zwei Dutzend Eier aufschlagen und Eiweiß vom Eigelb trennen. Eigelb in eine Schweinsblase füllen, abbinden, hart kochen, dann die Blase entfernen. Eiweiß in eine größere Schweinsblase geben, festes Eigelb hineingeben, mittig platzieren und die Blase gut abbinden. Kochen, bis das Eiweiß gehärtet ist, und unter kaltem Wasser abschrecken. Servieren Sie das Monster-Ei auf einem Spinatbett!*

BERÜHMTE VEGETARIER

Hier einige Persönlichkeiten, die sich einer (mehr oder weniger) fleischlosen Ernährung verschrieben haben.

Thomas Alva Edison	Albert Einstein	Benedikt von Nursia
Adolf Hitler[†]	Nina Hagen	Seneca
Paul McCartney	Wilhelm Busch	Voltaire
Leonardo da Vinci (?)	Wladimir Horowitz	Paavo Nurmi
Mahatma Gandhi	G. Bernard Shaw[§]	Franz Kafka
Pythagoras	Albert Schweitzer	Rabindranath Tagore
Brigitte Bardot	Rainer Maria Rilke	Wilhelm Furtwängler
Richard Wagner	Benjamin Franklin	Rudolf Steiner
Jean Paul	Leo Tolstoi	Whitney Houston
Isaac Newton	Barbra Streisand	Madonna
Franz von Assisi	George Harrison	Dalai-Lama

[†] Hitlers merkwürdige und widersprüchliche Haltung zum Vegetariertum ist umstritten.
[§] George Bernard Shaw lehnte einmal eine Einladung zu einem vegetarischen Gala-Dinner mit der Bemerkung ab, der Gedanke an „2000 Leute, die alle gleichzeitig knirschend Sellerie kauen", habe ihn erschauern lassen.

EU-SCHOKOLADENKENNZEICHNUNG

„SCHOKOLADE" muss
$\geq 35\,\%$ Gesamtkakaotrockenmasse enthalten, davon
$\geq 18\,\%$ Kakaobutter und $\geq 14\,\%$ fettfreie Kakaotrockenmasse

„WEISSE SCHOKOLADE" muss
$\geq 20\,\%$ Kakaobutter enthalten, davon
$\geq 14\,\%$ Gesamtmilchtrockenmasse und $\geq 3{,}5\,\%$ Milchfett

EINIGE WEINZITATE

KARDINAL RICHELIEU · Wenn Gott nicht wollte, dass wir trinken, wieso hat er dann den Wein so gut gemacht?

HORAZ · Im Wein liegt Wahrheit.

FRIEDRICH HEGEL · Im Wein liegt Wahrheit – und mit der stößt man überall an.

OVID · Wein erreget das Herz und macht es für Liebe empfänglich.

HOMER · Denn der Wein erneuet die Kraft ermüdeter Männer.

EURIPIDES · Wo der Wein fehlt, da stirbt der Reiz der Venus, da ist der Himmel der Menschen wüst und freudlos.

AMBROSE BIERCE · *Bacchus:* Nützliche Gottheit; von den Alten als Ausrede für einen guten Rausch erfunden.

GRIMOD DE LA REYNIÈRE · Der wahre Schmuck des Weins ist sein Alter, nicht der Glanz des Gefäßes, in welchem er funkelt.

PLATO · Vergebens klopft, wer ohne Wein ist, an der Musen Pforte an.

KURT TUCHOLSKY · Schade, dass man Wein nicht streicheln kann.

GOTTFRIED KELLER · Manchmal habe ich so das Gefühl, eine Pulle Wein sei mehr wert als die ganze Dichterei.

SURSTRÖMMING

Das schwedische Gericht *Surströmming* (von Schwedisch *sur*, „sauer", und *strömming*, „Hering") ist eindeutig nur etwas für ausgemachte Kenner. Dazu werden kleine fangfrische Ostseeheringe zunächst in Holzfässern eingesalzen und mit Innereien vergoren. Nach rund 48 Stunden entfernt man Köpfe und Innereien und füllt den Fisch roh in zylindrische Konservendosen ab. Diese werden nun 8–12 Wochen in der Sommerhitze stehen gelassen, wodurch sie bei einer Temperatur zwischen 4–16 °C nachgären. Während der Fisch langsam verrottet, bildet sich eine beträchtliche Menge stechend-übelriechender Gase, die dazu führen, dass sich die Dosen unter dem entstehenden Druck fast kugelförmig ausbeulen. Die resultierende „Delikatesse" riecht in der Tat sehr, sehr schlecht, wird aber von einer nicht zu vernachlässigenden Minderheit der Schweden als wahrer Leckerbissen gehandelt. Schwedens mittelalterliche königliche Gesetzgebung, die die Herstellung von *Surströmming* in allen Einzelheiten regelt, erlaubt den Verkauf nur am dritten Donnerstag im August, wenn das umstrittene Fischgericht traditionell mit Knäckebrot oder Pellkartoffeln sowie mit nicht geringen Mengen an Bier, Aquavit und Wodka verzehrt wird.

JAPANISCHE TISCHSITTEN & CHIN-CHIN

Die Japaner verfügen – wie allgemein bekannt sein dürfte – über ganz eigene, sehr detaillierte Tischsitten. Vor dem Essen sagt man in Japan *itadakimasu* (was so viel heißt wie „Ich werde bekommen"), danach *gochisosama deshita* („Es war schmackhaft und sättigend"). Niemals sollte man mit den Stäbchen Essen weitergeben, denn dies erinnert an die japanische Beerdigungszeremonie, bei der die Knochen kremierter Leichen von den Angehörigen der Verstorbenen auf diese Weise weitergereicht werden. Auch sollte man seine Stäbchen nie senkrecht in den Reis stecken, da nach altem buddhistischem Brauch nur die Toten so ihr Essen gereicht bekommen. Es ist ferner üblich, Nudelgerichte und Tee zu schlürfen; rülpsen gilt dagegen als äußerst unhöflich. Weiterhin sollte man in Japan niemals die Nase in der Öffentlichkeit, und erst recht nicht zu Tische, schnäuzen. Sake und andere alkoholischen Getränke schenkt man sich nur gegenseitig ein, niemals sich selbst, und wenn das Glas von einem Höhergestellten gefüllt wird, gilt es als höflich, dieses in einem Zug zu leeren. Dabei sollte man als Europäer allerdings unbedingt den Toast „chin-chin" vermeiden, weil dieser wie das japanische Wort für Penis klingt.

CARÊME ÜBER APPETIT

Hier der überlieferte Wortwechsel zwischen dem Prinzregenten (später Georg IV. von England) und seinem gefeierten französischen Koch Antonin Carême:

PRINZREGENT:
Carême, Sie werden noch dafür sorgen, dass ich an Magenverstimmung sterbe: Ich möchte alles essen, was Sie mir auftischen, und die Versuchung ist einfach zu groß – *en verité*.

ANTONIN CARÊME:
Sir, es ist meine Aufgabe, Ihren Appetit anzuregen;
es liegt nicht an mir, ihn zu regeln.

WIENER SCHNITZEL UND SCHNITZEL WIENER ART

Ein echtes Wiener Schnitzel wird mit Kalbfleisch zubereitet, wohingegen sich ein Schnitzel aus Schweinefleisch lediglich Schnitzel Wiener Art nennen darf. Allein in Wien selbst dürfen Restaurants auch Schweineschnitzel als Wiener Schnitzel bezeichnen – allerdings nur, wenn sie in Butterschmalz gebraten wurden.

BROTKLASSIFIKATION

Weizenbrot .... *mindestens 90 % Weizenanteil*
Weizenmischbrot .... *mehr als 50 % Weizenanteil, jedoch weniger als 90 %*
Roggenmischbrot ... *mehr als 50 % Roggenanteil, jedoch weniger als 90 %*
Roggenbrot .... *mindestens 90 % Roggenanteil*

DER ORTOLAN & PRÄSIDENT MITTERRAND

Der Ortolan (auch Fettammer) ist ein kleiner Vogel, der von Schwanz bis zum Schnabel nicht einmal 15 cm misst. Er findet in den Werken von Colette, Fielding und Proust Erwähnung und hat eine Schar von glühenden Fürsprechern:

> er hat einen so feinen Geschmack,
> dass man ihn nur gebraten servieren sollte
> AUGUSTE ESCOFFIER

> die epikureische Ekstase … der *Transzendentalismus* der Gastronomie
> ALEXIS SOYER

> glücklich der Gaumen, der ihn verschlingt
> GRIMOD DE LA REYNIÈRE

In Frankreich ist es verboten, Ortolane zu jagen, zu kaufen oder zu essen – Verordnungen, die regelmäßig missachtet werden, auch von berühmten Persönlichkeiten wie dem stolzen sozialistischen Staatspräsidenten François Mitterrand, dessen letztes Gericht Ortolan war. Mitterrand, der an Prostatakrebs im Endstadium litt, plante in Vorahnung seines baldigen Todes ein letztes Festmahl. Am 31. Dezember 1995 wurden dem Präsidenten und seinen Gästen vier Gänge serviert: Marennes-Austern, Foie Gras, gebratener Kapaun und Ortolan. Die traditionelle Art, Ortolane zuzubereiten und zu essen, ist so merkwürdig wie barbarisch. Die kleinen Vögel werden lebend gefangen und in einer dunklen Schachtel gehalten (oder geblendet), so dass sie permanent Körner picken. Wenn sie ihre natürliche Größe weit überschritten haben, werden die Vögel in Cognac ertränkt, gerupft und gebraten. Zunächst schneidet oder beißt man den Kopf ab, dann isst man den ganzen Vogel (samt Knochen und Sonstigem), und zwar versteckt hinter einer Serviette – um die Schande einer solchen Grausamkeit und Völlerei dem Blick Gottes zu verbergen. Es gilt als maßlos, mehr als einen Ortolan zu verspeisen, aber am Abend seines letzten Mahles aß der sterbende Präsident einen zweiten – angeblich die letzte Nahrung, die er zu sich nahm, bevor er eine Woche später starb.

VEGETARISCHE ERNÄHRUNG

Da die persönlichen Ernährungsformen sehr unterschiedlich sind, liefert die folgende Liste lediglich grobe Beschreibungen und keine strengen Definitionen. Während manche es beispielsweise komplett ablehnen, ein bestimmtes Nahrungsmittel zu sich zu nehmen, versuchen andere lediglich, dessen Konsum weitestgehend zu vermeiden.

VEGETARIER · ein recht nichtssagender, weil allumfassender Ausdruck – gewöhnlich für Menschen, die kein Fleisch essen.

LAKTOVEGETARIER · lehnen den Verzehr von Fleisch und Fisch ab, essen aber Milchprodukte.

OVO-VEGETARIER · lehnen jeglichen Verzehr von tierischen Produkten ab, ausgenommen Eier.

MAKROBIOTIKER · orientieren sich am Yin-Yang-Prinzip und essen vorwiegend Getreide und Reis, ergänzend aber auch gegartes Gemüse und Sojaprodukte.

ROHKOSTVEGANER · essen Früchte, Gemüse, Nüsse, Samen, eingeweichte und gekeimte Körner sowie Hülsenfrüchte. Rohköstler kochen das Essen nicht, sondern nehmen es in seinem Naturzustand zu sich, um die Enzyme zu erhalten.

VEGANER · strikte Vegetarier, die versuchen, alle Formen der Ausbeutung von Tieren für Essen, Kleidung oder andere Zwecke zu vermeiden. Viele verzichten nicht nur auf Fleisch- und Milchprodukte, sondern auch auf Eier, Honig, Gelatine, Lederprodukte, Wolle und Seide.

FRUTARIER · essen ausschließlich Früchte, Samen und Nüsse, manche sogar nur Gemüse, das geerntet werden kann, ohne dass die Pflanze stirbt (Gurken, Tomaten und Avocados, jedoch keine Möhren). Extreme Frutarier essen nur Fallobst.

FISCHVEGETARIER · Vegetarier, die Fisch und Schalentiere essen.

OVO-LAKTOVEGETARIER · lehnen den Verzehr von Fleisch und Fisch ab, essen neben Milchprodukten aber auch Eier.

DIE KAFFEEKANTATE

Johann Sebastian Bachs um 1732 entstandene Kantate (BWV 211) ist eine komische Oper, die auf dem Libretto des Dichters, Ober-Postkommissars und Steuerbeamten Friedrich Henricis (alias Picander) basiert. Sie ist heute unter zwei Spitznamen geläufig. Einer bezieht sich auf die Anfangszeile des Stückes *Schweigt stille, plaudert nicht*. Der andere lautet *Kaffeekantate* und verweist auf die damals ausufernde Begeisterung für das schwarze Getränk, über sich die Oper lustig macht.

Schotts Sammelsurium Essen & Trinken

--------E-NUMMERN--------

E330	Citronensäure
E331	Natriumcitrate
E332	Kaliumcitrat
E333	Calciumcitrate
E334	Weinsäure
E335	Natriumtartrate
E336	Kaliumtartrate
E337	Natrium-Kaliumtartrat
E338	Orthophosphorsäure
E339	Sodiumphosphate
E340	Kaliumorphophosphate
E341	Calciumphosphate
E343	Magnesiumorthophosphate
E350	Natriummalate
E351	Kaliummalate
E352	Calciummalate
E353	Metaweinsäure
E354	Calciumtartrate
E355	Adipinsäure
E356	Natriumadipat
E357	Kaliumadipat
E363	Bernsteinsäure
E380	Triammonocitrate
E385	Calcium-Di-Natriumethylen-diamintetraacetat
E400	Alginsäure
E401	Natriumalginat
E402	Kaliumalginat
E403	Ammoniumalginat
E404	Calciumalginat
E405	Prophylenglykol-Alginat
E406	Agar-Agar
E407	Carrageen
E407a	Eucheuma-Algen
E410	Johannisbrotkernmehl
E412	Guarkernmehl
E413	Traganth
E414	Gummi arabicum
E415	Xanthan
E416	Karayagummi
E417	Tarakernmehl
E418	Gellan
E420	Sorbit
E421	Mannit

E231	Orthophenylphenol
E232	Natriummorthophenylphenol
E233	Thiabendazol
E234	Nisin
E235	Natamycin
E239	Hexamethylentetramin
E242	Dimethyldicarbonat
E249	Kaliumnitrit
E250	Natriumnitrit
E251	Natriumnitrat
E252	Kaliumnitrat
E260	Essigsäure
E261	Kaliumacetat
E262	Natriumacetat
E263	Calciumacetat
E270	Milchsäure
E280	Propionsäure
E281	Natriumpropionat
E282	Calciumpropionat
E283	Kaliumpropionat
E284	Borsäure
E285	Borax
E290	Kohlendioxid
E296	Apfelsäure
E297	Fumarsäure
E300	L-Ascorbinsäure
E301	Natrium L-ascorbat
E302	Calcium L-ascorbat
E304	6-Palmitoyl-L-Ascorbinsäure
E306	Tocopherole
E307	Alpha-Tocopherol
E308	Gamma-Tocopherol
E309	Delta-Tocopherol
E310	Propylgallat
E311	Octylgallat
E312	Dodecylgallat
E315	Isoascorbinsäure
E316	Natriumisoascorbat
E320	Butylhydroxianisol (BHA)
E321	Butylhydroxitoluol (BHT)
E322	Lecithine
E325	Natriumlactat
E326	Kaliumlactat
E327	Calciumlactat

E153	Carbo medicinalis vegetabilis (Pflanzenkohle)
E154	Braun FK
E155	Braun HT
E160a	Gemisch. Carotine, Beta-Carotin
E160b	Annatto, Bixin, Norbixin
E160c	Paprikaextrakt, Capsanthin, Capsorubin
E160d	Lycopin
E160e	Beta-Apo-8-Carotinal C30
E160f	Beta-Apo-8-Carotin-Ester C30
E161b	Lutein
E161g	Canthaxanthin
E162	Betenrot, Bentanin
E163	Anthocyane
E170	Calciumcarbonat
E171	Titandioxid
E172	Eisenoxide und hydroxide
E173	Aluminium
E174	Silber
E175	Gold
E180	Rubinpigment
E200	Sorbinsäure und Verbindungen
E202	Kaliumsorbat
E203	Calciumsorbat
E210	Benzoesäure und Verbindungen
E211	Natriumbenzoat
E212	Kaliumbenzoat
E213	Calciumbenzoat
E214	Ethyl-P-Hydroxybenzoat
E215	Natriumethyl-P-Hydroxybenzoat
E216	Propyl-P-Hydroxybenzoat
E217	Natriumpropyl-P-Hydroxybenzoat
E218	Methyl-P-Hydroxybenzoat
E219	Natriummethyl-P-Hydroxybenzoat
E220	Schwefeldioxid
E221	Natriumsulfit
E222	Natriumhydrogensulfit
E223	Natriumbetabisulfit
E224	Kaliummetabisulfit
E226	Calciumsulfit
E227	Calciumbisulfit
E228	Kaliumbisulfit
E230	Biphenyl

Gliederung der E-Nummern

100–199	Farbstoffe
200–299	Konservierungsstoffe
300–399	Antioxidanten und Säuerungsmittel
400–499	Verdickungs-, Gelier- und Feuchthaltemittel; Emulgatoren
500–599	Salze und verwandte Stoffe
600–699	Geschmacksverstärker
700–899	*nicht vergeben für Lebensmittelzusätze*
900–999	Oberzugsmittel; Pack- und Treibgase; Süßungsmittel
1000–1399	verschiedene Zusatzstoffe
1400–1499	Stärke und Stärkederivate

Liste der E-Nummern

E100	Kurkumin
E101	Riboflavin
E102	Tartrazin
E104	Chinolingelb
E110	Gelborange S
E120	Cochenille (Echtes Karmin)
E122	Azorubin
E123	Amaranth
E124	Cochenillerot A
E127	Erythrosin
E128	Rot 2 G
E129	Allurarot
E131	Patentblau V
E132	Indigotin I
E133	Brillantblau FCF
E140	Chlorophylle a und b
E141	d. Chlorophylle Kupferhalt. Komplexe
E142	Brillant-Saure grün (Grün S)
E150a	Zuckerkulör
E150b	Sulfitlaufen Zuckerkulör
E150c	Ammoniak Zuckerkulör
E150d	Ammonsulfit Zuckerkulör
E151	Brillantschwarz BN

E-NUMMERN

E-Nr.	Bezeichnung
E904	Schellack
E905	Mikrokristalliertes Wachs
E912	Montansäureester
E914	Polyethylenwachsoxidate
E920	L-Cystein
E927b	Carbamid
E938	Argon
E939	Helium
E941	Stickstoff
E942	Distickstoffmonoxid (Lachgas)
E943a	Butan
E943b	Isobutan
E944	Propan
E948	Sauerstoff
E949	Wasserstoff
E950	Acesulfam K
E951	Aspartam
E952	Cyclamat
E953	Isomalt
E954	Saccharin
E957	Thaumatin
E959	Neohesperidin
E965	Maltit
E966	Lactit
E967	Xylit
E999	Quillayaextrat
E1103	Invertase
E1105	Lysozym
E1200	Polydextrose
E1201	Polyvinylpyrrolidon
E1404	Oxidierte Stärke
E1410	Monostärkephosphat
E1412	Distärkephosphat
E1413	Phosphatiertes Distärkephosphat
E1414	Acetyliertes Distärkephosphat
E1420	Stärkeacetat
E1422	Acetyliertes Distärkeadipat
E1440	Hydroxypropylstärke
E1442	Hydroxypropyl-Distärkephosphat
E1450	Stärkenatrium-Octenyl-Succinat
E1451	Acetylierte Oxidierte Stärke
E1505	Triethylcitrat
E1518	Glycerintriacetat/triacetin
E1520	Propylenglykol
E530	Magnesiumoxid
E535	Natriumferrocyanid
E536	Kaliumhexacyanoferrat
E538	Calciumferrocyanid
E541	Saures Natriumaluminiumphosphat
E551	Kieselsäure Siliciumdioxid
E552	Calciumsilikat
E553a	Magnesiumsilikat
E553b	Talkum
E554	Aluminiumsilikat
E555	Kaliumaluminiumsilikat
E556	Calciumaluminiumsilikat
E558	Bentonit
E559	Aluminiumsilikat
E570	Stearinsäure
E574	Gluconsäure
E575	Glucono-delta-lacton
E576	Natriumgluconat
E577	Kaliumgluconat
E578	Calciumgluconat
E579	Eisengluconat
E585	Eisenlactat
E620	Glutaminsäure
E621	Natriumglutamat
E622	Kaliumglutamat
E623	Calciumglutamat
E624	Ammoniumglutamat
E625	Magnesiumglutamat
E626	Guanylsäure
E627	Dinatriumguanylat
E628	Dikaliumguanylat
E629	Calciumguanylat
E630	Inosinsäure
E631	Dinatriuminosinat
E632	Dikaliuminosinat
E633	Calciuminosinat
E634	Calcium-5-Ribonukleotid
E635	Dinatrium-4-Ribonukleotid
E640	Glycin und Natriumsalze
E650	Zinkacetat
E900	Dimethylpolysiloxan
E901	Bienenwachs
E902	Candelillawachs
E903	Carnaubawachs
E422	Glycerin
E425	Konjak
E431	Polyoxyethylenestereat
E432	Polyoxyethylsorbitanmonolaureat
E433	Polyoxyethylsorbitanmonooleat
E434	Polyoxyethylsorbitan-monopalmitat
E435	Polyoxyethylsorbitanmonostearat
E436	Polyoxyethylsorbitantristearat
E440	Pektine
E442	Ammoniumphosphatide
E444	Saccharose-Acetat-Isobutyrat
E445	Glycerinester aus Wurzelharz
E450	Diphosphate
E451	Triphosphate
E452	Polyphosphate
E459	Beta-Cyclodextrin
E460	Cellulose
E461	Methylzellulose
E463	Hydroxypropylcellulose
E464	Hydroxypropylmethylcellulose
E465	Ethylmethylcellulose
E466	Carboxymethyl-Zellulose (CMC)
E468	Vernetzte Natrium-Carboxymethylcellulose
E469	Enzymatisch Hydrolysierte Caroxymethylcellulose
E470a	Natrium-, Kalium- und Calciumsalze der Stearinsäure und verwandter Speisefettsäuren
E470b	Magnesiumsalze der Fettsäuren
E471	Mono-/Diglyceride von Speisefettsäuren
E472a	Essigsäureester von Mono- und Diglyceriden von Speisefettsäuren
E472b	Milchsäureester von Mono-/ Diglyceriden von Speisefettsäuren
E472c	Citronensäureester von Mono-/ Diglyceriden von Speisefettsäuren
E472d	Weinsäureester von Mono-/ Diglyceriden von Speisefettsäuren
E472e	Mono-/Diacetylweinsäureester von Mono-/Diglyceriden von Speisefettsäuren
E472f	Gemischte Wein- und Essigsäureester von Mono-/ Diglyceriden von Speisefettsäuren
E473	Zuckerester von Speisefettsäuren
E474	Zuckerglyzeride
E475	Polyglycerinester von monopalmitat
E476	Polyglycerin-Polyricinoleat
E477	Propylenglycolester von Speisefettsäuren
E479b	Thermooxidiertes Sojaöl mit Mono-/Diglyceriden v. Speisefettsäuren
E481	Natriumstearoyl-2-Lactylat
E482	Calciumstearoyl-2-Lactylat
E483	Stearoyltartrat
E491	Sorbitanmonostearat
E492	Sorbitantristearat
E493	Sorbitanmonolaurat
E494	Sorbitanmonooleat
E495	Sorbitanmonopalmitat
E500	Natriumcarbonat (Soda)
E501	Kaliumcarbonate
E503	Ammoncarbonate
E504	Magnesiumcarbonate
E507	Salzsäure
E508	Kaliumchlorid
E509	Calciumchlorid
E511	Magnesiumchlorid
E512	Zinn (II)-Oxyd
E513	Schwefelsäure
E514	Natriumsulfat
E515	Kaliumsulfat
E516	Calciumsulfat (Gips)
E517	Ammoniumsulfat
E520	Aluminiumsulfat
E521	Aluminiumnatriumsulfat
E522	Aluminiumkaliumsulfat
E523	Aluminiumammoniumsulfat
E524	Natriumhydroxid (Natronlauge)
E525	Kaliumhydroxid
E415	Calciumhydroxid
E527	Ammoniumhydroxid
E528	Magnesiumhydroxid
E529	Calciumoxid

RAUCHPUNKTE EINIGER ÖLSORTEN

Öl	°C
Sonnenblumenöl	200
Maiskeimöl	210
Erdnussöl	210
Olivenöl	210
Sojaöl	210
Rapsöl	225
Traubenkernöl	230

FORMALE ESSENSZEITEN

Englische Bedienstete des 19. Jahrhunderts sollten Mahlzeiten nach den folgenden Regeln servieren:

Angekündigte Zeit	Tatsächliche Zeit
6 Uhr	7 Uhr
Genau um 6 Uhr	6.30 Uhr
Nicht später als 6 Uhr	6 Uhr

ESSEN AUSSPUCKEN

Umgang mit Knochen und Kernen

Schildkrötenknochen, Fischgräten und Traubenkerne müssen im Mund möglichst blank und sauber gegessen werden, ehe man sie einzeln zwischen Finger und Daumen entfernt. Jedwedes Ausspucken von Knochen und Kernen auf den Teller ist widerlich. Ist der Bissen im Mund zu heiß, nehmen Sie rasch einen Schluck Wasser. Auf keinen Fall ausspucken! Haben Sie einen Bissen im Mund, müssen Sie ihn hinunterschlucken, auch wenn es Ihnen noch so zuwider ist. Es ist unverzeihlich, etwas aus dem Mund zu nehmen, das Sie gerade hineingetan haben, mit Ausnahme von sauberen Knochen und Obstkernen. Sollten Sie irgendetwas in die Ecke Ihrer Serviette spucken, so ist das ekelerregend und bedarf keines weiteren Kommentars ... Wenn Sie überhaupt etwas aus dem Mund nehmen, dann einzig und allein zwischen Zeigefinger und Daumen. Trauben- oder Kirschkerne kann man von den Lippen in die hohle Hand fallen lassen. Pfirsiche und andere besonders saftige Früchte schält man und isst sie anschließend mit Messer und Gabel; weniger saftiges Obst, wie etwa Äpfel, darf man hingegen schneiden und dann mit den Fingern essen. Haben Sie Fruchtsaft an den Händen, so wischen Sie sie niemals an einer Serviette ab, ohne zuvor eine Fingerschale benutzt zu haben, denn Fruchtsaft hinterlässt Flecken, die nicht mehr zu beseitigen sind.

— EMILY POST, *Etiquette In Society*, 1922

SALZ

❦ Salz ist der gebräuchliche Begriff für *Natriumchlorid* (NaCl). Es gehört zu den *Grundgeschmäcken* (siehe S. 23) und ist ein wesentlicher Bestandteil einer gesunden Ernährung (siehe S. 15). ❦ Salz wurde lange Zeit als *Konservierungsmittel* für Fleisch und Gemüse benutzt, aber Salz zerfrisst auch Materialien wie Metall. ❦ Der griechische Biograf Plutarch nannte Salz das „edelste aller Nahrungsmittel, das feinste Gewürz von allen". ❦ Für die alten *Griechen* und die *Kinder Israels* war Salz ein Symbol für Gastfreundschaft und Verbundenheit, was heute noch für *Moslems* gilt. Nach arabischer Tradition bedeutet, *jemandes Salz zu essen*, seine Gastfreundschaft anzunehmen, was wiederum ein dauerhaftes Treueverhältnis schafft. Das russische Wort für Gastfreundschaft – *chlebsol'* – heißt, wörtlich übersetzt, Brot-Salz. ❦ Das *Verschütten* von Salz bringt für abergläubische Menschen Unglück, welches aber noch dadurch abgewendet werden kann, dass man mit der rechten Hand eine Prise Salz über die linke Schulter wirft. Ominöserweise hat Judas im *Letzten Abendmahl* von Leonardo da Vinci gerade mit dem Ellbogen ein Salzfässchen umgestoßen (siehe S. 116). ❦ Die Apostel Christi wurden mit dem *„Salz der Erde"* verglichen (Matthäus 5,13), und in der Bibel gibt es mehrere Stellen, bei denen Salz *Unvergänglichkeit* symbolisiert – folglich zeichnet sich ein *Salzbund* dadurch aus, dass er nicht gebrochen werden kann (2. Chronik 13,5). ❦ Der Begriff *Salär* ist vom lateinischen Wort für Salz (*salarium*) abgeleitet, womit das Geld bezeichnet wurde, das römische Soldaten erhielten, um Salz zu kaufen. Im Englischen bedeutet *to be true to one's salt*, dass man seinem Arbeitgeber treu bleibt. ❦ Unzählige Armeen haben die Erde versalzen, um dem Boden die Fruchtbarkeit und damit dem Feind die Ernte zu nehmen. (Um nicht im trojanischen Krieg kämpfen zu müssen, gaukelte Odysseus Wahnsinn vor, indem er *Salz in sein Feld pflügte*.) ❦ Im *Shintoismus* spielt Salz bei Zeremonien wie *Beerdigungen* eine Rolle, und ihm werden reinigende Kräfte zugeschrieben – daher finden sich häufig kleine Salzhaufen neben Brunnen oder Haustüren. ❦ Für *Shakespeare* symbolisierte Salz Jugend und Kraft, und er verwandte es als Metapher für *sexuelle Leidenschaft* (z. B. Othello III.3). ❦ Die Redewendung *„Salz auf die Wunde streuen"* geht auf eine in der Seefahrt gängige Praxis nach dem Auspeitschen zurück. ❦ Als Indien unter britischer Herrschaft stand, wurde Salz durch ein Staatsmonopol kontrolliert und war hoch besteuert. Im Jahr 1930 hob *Mahatma Gandhi* an einem Strand in Dandi eine Hand voll Meersalz auf und verstieß damit symbolisch gegen das Gesetz. Diese schlichte Tat trat eine Welle des Protests los, die schließlich den Vizekönig Lord Irwin zu Verhandlungen zwang. ❦ Von *Satan* heißt es, er hasse Salz, daher auch die englische Redewendung *„the Devil serves a saltless meal"* (Der Teufel tischt ein ungesalzenes Essen auf) und der Aberglaube, Salz über einen *Sarg* zu werfen. ❦

Schotts Sammelsurium Essen & Trinken

—————— LAOTISCHE KÜCHENMASSE ——————

Westliches Pendant	Laotischer Begriff	Entspricht etwa
Suppenlöffelvoll	*tem buang ken*	10 ml
Löffelvoll	*tem buang*	15 ml
Hühnerei	*khai kai*	45 ml
Suppenkelle	*jong*	100–285 ml
Reisschüssel	*tauy mak toom*	140 ml
Becher	*jawk*	285 ml
Krug	*jok*	570 ml

—————— FARBCODES FÜR LEBENSMITTEL- ——————
SICHERHEIT

Um Hygienestandards für Lebensmittel einzuhalten und Kreuzkontamination zu vermeiden, versehen Restaurantküchen und andere gastronomische Einrichtungen ihre Messer, Schneidebretter und Behältnisse oft mit farbigen Markierungen. Hier eine gängige Systematik dieser Farbcodes:

WEISS	Gebäck & Milchprodukte	GELB	gekochtes Fleisch
GRÜN	Salat und Früchte	BRAUN	Gemüse
ROT	rohes Fleisch	BLAU	roher Fisch

Farbmarkierungen sollen zudem sicherstellen, dass Lebensmittel nur bis zu einem bestimmten Tag gelagert werden:

BLAU	Montag	GRÜN	Freitag
GELB	Dienstag	ORANGE	Samstag
ROT	Mittwoch	SCHWARZ	Sonntag
BRAUN	Donnerstag	*(Es existieren auch andere Farbsysteme.)*	

—————— BANKETTGESETZGEBUNG ——————

Im Jahr 1517 wurde in England ein königliches Dekret erlassen, um exzessive Festgelage einzudämmen. Die Anzahl der Gerichte, die aufgetragen werden durften, richtete sich „nach der höchstrangigen anwesenden Person". War der Gastgeber oder einer der Gäste ein KARDINAL, durften legal neun Gänge aufgetragen werden; handelte es sich um einen LORD OF PARLIAMENT, dann waren es maximal sechs Gänge; und war er ein BÜRGER mit einem jährlichen Einkommen von mehr als £ 500, so waren drei Gänge erlaubt. (1336 verbot ein Gesetz zur Einschränkung „verschwenderischer Ausgaben für Kost" allen Menschen, mehr als zwei Gänge zu essen.)

BRILLAT-SAVARINS GASTRONOMISCHE EIGNUNGSTESTS

Der Gastrosoph Jean-Anthelme Brillat-Savarin (1755–1826) war überzeugt, Feinschmecker gehörten einer besonderen Klasse an, und sie allein seien erwählt, echte Gaumenfreuden zu erkennen und zu genießen. Der wahre Gourmet gebe sich durch seine Reaktion auf bestimmte Gerichte zu erkennen. Deshalb entwickelte Brillat-Savarin drei Testmenüs:

ERSTES MENÜ

Mittleres Einkommen: 5000 Francs (Mittelstand). Ausruf: "Sakerment, das sieht gut aus!" Da müssen wir uns tüchtig dranmachen!

Ein tüchtiger Kalbsschenkel, mit Speck gespickt und in seiner Soße geschmort · Zahmer Truthahn, mit Lyoner Kastanien gefüllt · Fette Tauben, in Speckscheiben gebraten · Eierschnee · Sauerkraut, Würstchen und Straßburger Speck

ZWEITES MENÜ

Mittleres Einkommen: 15 000 Francs (Wohlstand). Ausruf: "Ah, lieber Freund! Welch angenehme Erscheinung!"

Ein innen rotes, gespicktes Ochsenfilet in seiner Soße geschmort · Rehschlegel, Soße, gehackte Cornichons · Gesottener Steinbutt · Schafschlegel von den Salzwiesen nach Provencer Art · Truthahn mit Trüffeln · Erste Zuckererbsen

DRITTES MENÜ

Mittleres Einkommen: 30 000 Francs und mehr (Reichtum). Ausruf: "Ah, gnädiger Herr! Welchen Ausbund von Koch haben Sie sich, so etwas findet man nur bei Ihnen."

Ein siebenpfündiger Kapaun, mit Trüffeln aus Périgord gestopft · Eine Straßburger Gänseleberpastete · Ein großer Rheinkarpfen à la Chambord · Gefüllte Wachteln mit Ochsenmark und Trüffeln · Ein gefüllter Flusshecht in Krebssoße · Fasan, als Haarschopf gespickt auf einer Brottröste à la sainte alliance · 100 frühe Spargeln mit Fleischbrühsoße · 2 Dutzend Ortolanen nach Provencer Art · Baisers in Vanillesoße

Jedes Menü war auf eine andere Gesellschaftsschicht ausgerichtet. Durch das aufmerksame Studium der Reaktionen, die seine „Probierschüsseln" auslösten, könne, so Brillat-Savarin, die gastronomische Eignung eines jeden zuverlässig überprüft werden.

TISCHZUCHT

Da im Mittelalter auch die Oberschichten bei Tische ein überaus ungehobeltes Verhalten an den Tag legten, erschienen ab dem 13. Jahrhundert die ersten europäischen Benimmbücher, die so genannten Tischzuchten. Eine berühmte Tischzucht, die dem Ritter Tannhäuser (über den Richard Wagner später eine Oper verfasste) zugeschrieben wird, verbietet ausdrücklich folgendes Verhalten – was vermuten lässt, dass solches in den Herrschaftshäusern der Zeit durchaus üblich war:

ungewaschen essen
sich wie ein Schwein über die Schüssel hängen
schmatzend schnappen
so gierig essen, dass man sich in die Finger beißt
mit vollem Mund wie ein Vieh trinken
mit fettigem Mund aus dem gemeinsamen Glas trinken
sich ins Tischtuch schnäuzen
mit dem Messer in den Zähnen bohren
die Nase mit den Fingern schnäuzen und es in der Hand verreiben
abgenagte Knochen in die Schüssel zurücklegen

STRAUSSENEIER

Ein Straußenei ist in etwa so groß wie 24 Hühnereier. Bei den südafrikanischen Khoikhoi (oder Hottentotten) war es üblich, das Ei in heiße Asche zu legen, die Schale anzustechen und den Inhalt zu einem Omelette zu rühren.

DIE SCHOKOLADENFABRIK

In Roald Dahls zeitlosem Klassiker *Charlie und die Schokoladenfabrik* (1964) finden fünf glückliche Kinder in ihren Schokoriegeln „Goldene Eintrittskarten", die ihnen eine Führung durch Willy Wonkas Schokoladenfabrik ermöglichen. Allen außer dem Helden Charlie Bucket ist aufgrund ihres gierigen und ungezogenen Benehmens ein unglückliches (und klebrig-süßes) Ende beschieden:

Augustus Glupsch .... *fällt in den Schokoladenfluss und wird in eine Röhre gesaugt*
Violetta Beauregarde .... *wird vom Kaugummikauen in eine Riesen-Blaubeere verwandelt*
Veruschka Salz .... *wird von Eichhörnchen mit Walnüssen attackiert*
Micky Schießer ..... *wird von der Fernseh-Schokolade-Kamera geschrumpft*

KAVIAR

Das Wort „Kaviar" leitet sich vom Türkischen *khavia* ab – und beschreibt den gereinigten und gesalzenen Rogen verschiedener Stör-Arten. (Im Russischen heißt er *ikra*.) Anspruchsvolle Genießer behaupten, der beste Kaviar komme vom Kaspischen Meer und der beste Rogen stamme von drei bestimmten Stör-Arten. Nach Preis geordnet sind dies:

Name (Stör-Art)	Eier (pro Gramm)	Farbe
BELUGA *(Acipenser huso)*	30	hellgrau bis anthrazit
OSSIETRA *(Acipenser guldenstaedti)*	50	silbergrau bis goldbraun
SEWRUGA *(Acipenser stellatus)*	70	dunkelgrau bis schwarz

Kaviar wurde in den 1920er Jahren von den zwei russischen Brüdern Melkom und Mougcheg Petrossian in Frankreich eingeführt, die sich wunderten, dass die in ihrer Heimat so populäre Delikatesse in Paris – der gastronomischen Hauptstadt der Welt – noch keinen Anklang gefunden hatte. Als sie dann anlässlich der Weltausstellung 1925 im Grand Palais Kaviarproben anboten, wurden sie aus Sorge um die anfänglichen Reaktionen der Besucher sogar verpflichtet, Spucknäpfe bereitzustellen. Schon bald darauf belieferten sie in großer Regelmäßigkeit César Ritz' bekanntes Pariser Hotel.

GEKREUZTE SCHWERTER

Um sich von der Konkurrenz abzugrenzen, schlug der damalige Manufakturinspektor Johann Melchior Steinbück am 8. November 1722 vor, das Schwerterpaar aus dem Kursächsischen Wappen zur Markierung des Meissener Porzellans zu nutzen. Bis 1730 waren neben dem gekreuzten Schwerterpaar auch noch Buchstabenfolgen üblich, wie etwa K. P. M. (Königliche Porzellan-Manufaktur), M. P. M. (Meissener Porzellan-Manufaktur) oder K. P. F. (Königliche Porzellan-Fabrik). 1731 konnten sich die blauen Schwerter als Kennzeichnung endgültig durchsetzen und sind damit eines der weltweit ältesten verwendeten Markenzeichen.

BROTWASSER

Brotwasser ist ein einfaches und darum vorzügliches Krankengetränk, das durch die französischen Militärärzte der napoleonischen Zeit in ganz Europa eingebürgert wurde. Eine Scheibe gerösteten Brotes wird einfach mit kochendem Wasser abgebrüht und der Trank anschließend mit Zucker gesüßt oder mit einem Fruchtsaft gewürzt. Absolut notwendig ist das Kranksein nicht, um diesem Getränk Geschmack abzugewinnen.

FUGU & JAPANISCHE FUGU-KÖCHE

Fugu ist der japanische Begriff für bestimmte Kugelfischarten, von denen die bekanntesten der *Fugu rubripes* (Torafugu) und der *Fugu porphyreus* (Mafugu) sind. Dieser Fisch erlangte internationale Berühmtheit, weil seine Eingeweide, Leber, Eierstöcke und Haut Tetrodotoxin enthalten – ein Gift, das über 1000-mal wirksamer ist als Zyanid. Zwar ist es nicht notwendigerweise tödlich (die Überlebenschance liegt bei 40 %), doch Tetrodotoxin blockiert innerhalb von Minuten die Natriumkanäle bestimmter Gewebe, was zu Schwäche, Übelkeit, Schweißausbrüchen, Durchfall und Kribbeln führt. In schwerwiegenden Fällen setzen Zuckungen und eine Lähmung ein, die das Atmen behindert. Tödlich wirkt *Fugu* dann, wenn es zu Atemausfall führt, manchmal innerhalb einer Stunde. Jedes Jahr stirbt eine Reihe von unglücklichen oder tollkühnen Essern nach dem Verzehr des Fisches. Das vielleicht berühmteste Opfer von *Fugu* war der japanische Kabuki-Schauspieler Mitsugoro Bando VIII., der 1975 starb, nachdem er vier Portionen *Fugu*-Leber gegessen hatte. Angeblich litt im Jahr 1774 auch James Cook bei einem Aufenthalt in Neukaledonien an den leichten Nebenwirkungen einer *Fugu*-Vergiftung. *Fugu* hat seinen Weg auch ins Reich der Literatur gefunden, insbesondere in Ian Flemings James-Bond-Romane. *Liebesgrüße aus Moskau* endet, als die SMERSH-Handlangerin Rosa Klebb Bond mit einer vergifteten, in ihrem Schuh versteckten Klinge sticht. Wir erfahren später in *Dr. No*, dass es sich bei dem Gift um das Tetrodotoxin des *Fugu* handelte; wie Sir James Molony zu M sagt: „Sie können sich darauf verlassen, dass die Russen etwas benutzen, das wir noch gar nicht kennen."

Fugu-Köche unterliegen in Japan einer strengen staatlichen Kontrolle. In der Präfektur Tokio zum Beispiel wird jeden August eine *Fugu*-Koch-Prüfung abgehalten. Bewerber müssen über 18 sein, dürfen nicht vorbestraft sein, müssen über gute Sehkraft verfügen (Brillen sind gestattet) und mindestens zwei Jahre lang bei einem staatlich zugelassenen *Fugu*-Koch in die Lehre gegangen sein. Die Prüfung kostet 17 900 Yen (ca. 130 EUR) und besteht aus zwei Teilen: einem schriftlichen Test über *Fugu* und die *Fugu*-Vorschriften der Stadt Tokio und einem praktischen Test, bei dem es gilt, fünf verschiedene *Fugu*-Sorten zu unterscheiden, die giftigen Drüsen des *Fugu* zu entfernen und drei *Fugu*-Gerichte zuzubereiten – *Chiri*, *Kawahiki* und *Sashimi*. Köche verlieren ihre Lizenz, wenn sie Fisch illegal verkaufen, *Fugu* außerhalb der offiziell erlaubten Bezirke verarbeiten, ihre Lizenz jemandem ausleihen oder gegen die strengen Gesundheits- und Sicherheitsbestimmungen verstoßen. *Fugu*-Abfall muss in einem verschlossenen Behälter aufbewahrt werden, ehe er verbrannt wird.

SIEBENSCHLÄFER

Die Römer hatten eine kulinarische Vorliebe für den Siebenschläfer (*Myoxus glis*). Die Nager wurden zunächst in speziellen Käfigen (*gliraria*) gemästet, bevor man sie gestopft und geröstet verzehrte.

Schotts Sammelsurium Essen & Trinken

RESTAURANT- UND KÜCHENPERSONAL

HIERARCHIE EINES MODERNEN DEUTSCHEN RESTAURANTS

Restaurantmanager
Stellv. Restaurantmanager
Serviceleiter
Chef de Rang [Stationsleiter]
Demi Chef de Rang
Head Waiter [Oberkellner]
Commis Waiter
Head Sommelier [Weinkellner]
Assistant Head Sommelier
Sommelier
Demi Sommelier
Commis Sommelier

Head Chef [Küchenchef]
Executive Head Chef [Chefkoch]
Senior Sous Chef
Sous Chef
Junior Sous Chef
Senior Chef de Partie [Partie-Chef]
Commis Chef [Hilfskoch]
Chef Apprentice [Kochlehrling]

Head Baker [Bäcker]
1st Baker
Baker

TRADITIONELLE FRANZÖSISCHE „BRIGADE DE CUISINE"

Chef de Cuisine [Küchenchef]
Sous Chef
Chef de Partie
Les Garde-mangers [Kaltkoch]
Boucher [Metzger]
Les Sauciers [Soßenköche]
Les Poissoniers [Fischköche]
Les Entremettiers [Gemüseköche]
Les Rôtisseurs [Bratenköche]
Les Brocheurs [Spießbratenköche]
Les Potagers [Suppenköche]
Les Grillardins [Grillköche]
Les Cocottiers [Eierköche]
Les Frituriers [Frittierköche]
Les Fourniers [Ofenköche]
Les Touriers [Teigköche]
Les Confiseurs [Süßspeisenköche]
Les Glaçiers [Eisköche]
Les Pâtissiers [Konditoreiköche]
Le Chef du Nuit [Nachtkoch]
Le Communard [Personalkoch]
Les Trancheurs [Gemüseschnitzer]
L'Apprenti [Lehrling]
Aboyeur [Küchenhilfe]
Plongeur [Spüler]

SALMONELLEN

Salmonellen sind stäbchenförmige Bakterien, die Salmonellose verursachen, eine weit verbreitete Lebensmittelvergiftung. Benannt wurde der Erreger nach dem amerikanischen Tierarzt und Mikrobiologen Daniel Elmer Salmon (1850–1914), der 1885 den ersten Stamm der 2213 bislang identifizierten Arten beschrieb. Die wichtigsten Infektionsquellen sind ungenügend erhitztes Fleisch und Geflügel sowie Eier, Speiseeis und Mayonnaisen. Bis zu drei Tage nach dem Verzehr kommt es in der Regel zu Durchfall, Bauchweh, Erbrechen und Fieber. Gefährdete Lebensmittel sollten daher immer gut gekocht werden. Wichtig ist zudem das gründliche Händewaschen nach dem Toilettengang. Für die Krankheit besteht die Meldepflicht.

EINIGE WICHTIGE SALATE

INSALATA CAPRESE · beliebte Vorspeise aus Tomaten- und Mozarellascheiben sowie frischem Basilikum; auf einem Teller anrichten, mit Essig und reichlich Olivenöl beträufeln.

CAESAR SALAD · Romana-Salat und Croutons, gewöhnlich mit Parmesan, Sardellen, Olivenöl, Zitronensaft, rohem Eigelb und Worcestersoße serviert.

RUSSISCHER SALAT · Mischung aus gekochten und gewürfelten Kartoffeln mit Erbsen, Möhren, grünen Bohnen und Mayo, angerichtet auf Kopfsalat und garniert mit gekochten Eiern, Gewürzgurken und Roter Bete.

WALDORFSALAT · gemischter Salat aus Äpfeln, (Zitronensaft), Sellerie, Walnüssen, mit leichter Mayonnaise gebunden [wahrscheinlich eine Kreation von Oscar Michel Tschirky, dem *maître* des Waldorf Astoria in New York, aus dem Jahr 1896].

SALAT NIZZA · besteht aus einer Auswahl folgender Zutaten: Thunfisch, Tomaten, Gurken, gekochte grüne Bohnen, hart gekochte Eier, Sardellen, schwarze Oliven, Basilikum, Petersilie; oft mit einer Knoblauch-Vinaigrette angemacht.

GRIECHISCHER SALAT · Kopfsalat mit Tomaten, Paprika, Zwiebeln, (Gurke), reichlich schwarzen Oliven sowie griechischem Schafskäse (Feta) und einer Marinade aus Olivenöl, Zitrone und verschiedenen Kräutern.

SCHWÄBISCHER KARTOFFELSALAT ungeschälte gekochte Kartoffeln, Salatgurken, in einem Dressing aus Brühe, Zwiebelwürfeln, Senf und Öl, oft mit angebratenem Speck garniert.

PANZANELLA · Brotsalat mit Tomaten, roter und gelber Paprika, Gurke, Zwiebeln, Basilikum, Kapern, Sardellen und Oliven.

SPRICHWÖRTLICHES BROT

Salz und Brot machen Wangen rot, so heißt es, und doch gibt es so manchen, dem das *tägliche Brot vor dem Munde abgeschnitten*, ja, dem das *Brot gar aus den Zähnen gerissen* wurde und der nun das *bittere Brot der Verbannung* wird essen müssen. Viele rieten ihm, er solle sich doch nicht *die Butter vom Brot nehmen* lassen, hatte er noch nicht einmal das *liebe Brot zu essen* und wäre für einen *Bissen Brot durchs Feuer* gegangen. Diesem wurde nun aber der *Brotkorb höher gehängt*, und das war so, als würde er auf dem *Brotkorb sitzen und Hunger schreien*, nur anders. Doch auch wenn viele sagen, der *Mensch lebe nicht vom Brot allein*, sollte man doch so einem *zum Brote verhelfen*, denn er hat es wahrlich so *nötig wie das liebe Brot*.

BABUSCHKA-PUPPEN-BRATEN

Hier eine der zahllosen Versionen des berühmten Bratens, der an die verschachtelten russischen Babuschka-Puppen erinnert. Die Vorbereitungen dafür sind sehr umfangreich und komplex (es ist ratsam, alles Geflügel zu entbeinen, das größer als der Ortolan ist), und stets bleibt die quälende Frage, wie lange dieses Ungetüm nach der Vorbereitung denn nun gekocht werden müsse. 18 Stunden bei mittlerer Hitze scheinen eine angemessene Dauer. Man sollte den Braten dennoch wachsam im Auge behalten, um Anbrennen zu vermeiden.

OLIVE mit KAPERN und NELKEN stopfen
OLIVE in FEIGE stecken
FEIGE in ORTOLAN stopfen
ORTOLAN in LERCHE stopfen
LERCHE in Weinblätter einwickeln und in DROSSEL stopfen
DROSSEL in WACHTEL stopfen
WACHTEL in Speck wickeln und in REGENPFEIFER stopfen
REGENPFEIFER in KIEBITZ stopfen
KIEBITZ in REBHUHN stopfen
REBHUHN in WALDSCHNEPFE stopfen
WALDSCHNEPFE in KRICKENTE stopfen
KRICKENTE in PERLHUHN stopfen
PERLHUHN in Speck wickeln und in ENTE stopfen
ENTE in fettes HUHN stopfen
HUHN in dicken FASAN stopfen
FASAN in GANS stopfen
GANS in großen TRUTHAHN stopfen
TRUTHAHN in eine TRAPPE stopfen

„Der Gourmand von Profession verzehrt aber nur die Olive."
— Eufemia von Kudriaffsky, 1880

DIE BOLOGNESER SCHULE

Die Bologneser Schule übte einen nachhaltigen Einfluss auf die Entwicklung des römischen Barock aus und kann grob in drei Epochen unterteilt werden: Die *Frühe*, gegründet von Zoppo (15. Jh.), die *Römische*, geprägt von Bagnacavallo (16. Jh.), und die *Eklektische* von Carracci (spätes 16. Jh.). Es scheint, als habe die Bologneser Schule im Verlauf ihrer Geschichte nie auch nur das Geringste mit Spaghetti zu tun gehabt.

Schotts Sammelsurium Essen & Trinken

GIFTPILZE

Seit Pilze gesammelt werden, sind Menschen (versehentlich oder nicht) an Pilzvergiftung gestorben, darunter auch eine Schar neugieriger Berühmtheiten wie Papst Clemens VII., Kaiser Diokletian und Kaiser Karl VII. Angeblich hat Euripides auf diese Weise an einem einzigen Tag die Frau, zwei Söhne und eine Tochter verloren; und laut Plinius wurde Kaiser Claudius von seiner Frau Agrippina mit Pilzen vergiftet. Die Wirkungen von Pilzvergiftungen reichen von leichten Verdauungsstörungen, Krämpfen und Übelkeit über Bewusstseinsverlust bis hin zum Tod. Die Inkubationszeit schwankt für gewöhnlich zwischen einigen Stunden und einigen Tagen, wobei in Polen eine Pilzart beheimatet ist – *Cortinarius (Dermocybe) orellanus* –, deren tödliche Wirkung sich manchmal erst nach mehr als zwei Wochen einstellt. Aufgrund dieser Gefahren sollte man bei allen Pilzen größte Vorsicht walten lassen. Nachfolgend sind einige der zu vermeidenden, weil tödlichen Pilze aufgeführt:

TÖDLICHE GALERINA *Galerina autumnalis*	GRÜNER KNOLLENBLÄTTERPILZ *Amanita phalloides*	GIFTEGERLING *Agaricus xanthodermus*
KEGELHÜTIGER KNOLLENBLÄTTERPILZ *Amanita virosa*	FLIEGENPILZ *Amanita muscaria*	FELD-TRICHTERLING *Clitocybe dealbata*

Manche Pilzarten werden gefährlicher, wenn sie zusammen mit Alkohol verzehrt werden – zum Beispiel: *Coprinus atramentarius* und *Boletus luridus*. Die weitreichenden Folgen des Pilzgenusses beschrieb schon Lewis Caroll in *Alice im Wunderland* (1865): „Und die Raupe sprach: ‚Von der einen Seite wirst du größer und von der anderen kleiner.' – ‚Eine Seite wovon? Und die andere wovon?', dachte Alice im Stillen. ‚Vom Pilz', sagte die Raupe, gerade, als hätte Alice laut gefragt, und war im nächsten Augenblick verschwunden."

WEIN ZUM ESSEN

Heutzutage wird die Wahl des Weines zum Essen meist den individuellen Vorlieben eines Gastes überlassen. Noch vor wenigen Jahren hielt man sich für gewöhnlich an feste Vorgaben für die Kombination von Wein und Speisen. Die folgende Liste ist einem Gastro-Ratgeber aus den 1960er Jahren entnommen:

GERICHT	WEIN
Vorspeisen	*kräftiger Weißwein*
Austern	*säuerlicher Weißwein*
Eiergericht	*leichter Rotwein*
Fisch	*Weißwein*
Braten (weiß)	*schwerer Weißwein*
Braten (schwarz)	*schwerer Rotwein*
Fleischplatte	*leichter Rotwein*
Geflügel	*Weißwein*
Hummer	*säuerlicher Weißwein*
Käse (fettarm)	*trockener Weißwein*
Käse (vollfett)	*mittlerer Rotwein*
Pilzspeisen	*leichter Rotwein*
Süßspeisen	*milder Weißwein*

KULINARISCHE ORTSNAMEN

Apfeldorf (BY) · Bad Salzig (RP) · Biere (ST) · Bohnenburg (MV)
Brotdorf (SL) · Dill (RP) · Erbsen (NI) · Essen (NRW) · Fisch (RP)
Hähnchen (RP) · Hopfen (BY) · Kapern (ST) · Kirschfurt (BW)
Knoblauch (BB) · Krautheim (BW) · Kuchen (BW) · Kümmel (BY)
Kuhfraß (ST) · Linsengericht (HE) · Möhren (BY) · Philadelphia (BB)
Rosinenberg (BB) · Salz (BY/RP) · Sauereissig-Mühle (RP)
Sülze (NI/NRW) · Wasser (2 x in BW) · Weine (NRW)

PARMIGIANO-REGGIANO

Parmigiano-Reggiano, der wohl beste Parmesankäse überhaupt, wird aus nicht pasteurisierter fettarmer Kuhmilch hergestellt. Um die Jahreszeit zu kennzeichnen, in der der Käse hergestellt wurde, verwendet man eine Reihe traditioneller Bezeichnungen:

Bezeichnung	*Monate*
maggengo	April–November
invernengo	Dezember–März
di tessa	April–Juni
di centro	Juli–August
tardno	September–November

Weitere Fachausdrücke kennzeichnen die Reifedauer des Käses:

Nuovo < 17 Monate [„jung"] · *Vecchio* 18–24 Monate [„alt"]
Stravecchio > 24 Monate [„sehr alt"]

Der Begriff *ungia* (Nagel) gibt die Dicke der Käserinde an.

Schotts Sammelsurium Essen & Trinken

—— KULINARISCHE ERFINDER & ERFINDUNGEN ——

Hier einige Pioniere der Lebensmitteltechnologie, die mit ihren Erfindungen unsere Ernährung maßgeblich beeinflusst haben:

Nahrungsmittel	erfunden von	Jahr
Lösliches Kakaopulver	Conrad Johannes van Houten	1828
Walzengetrocknetes Milchpulver	John A. Just	1855
Kondensmilch	Gail Borden	1856
Fleischextrakt/Brühwürfel	Justus von Liebig	1862
Margarine	Hippolyte Mège-Mouriés	1869
Vanillin	Wilhelm Haarmann	1874
Milchschokolade	Daniel Peter, Henri Nestlé	1876
Cornflakes	John Harvey Kellog	1876
Schmelzschokolade	Rodolphe Lindt	1879
Saccharin	Constantin Fahlberg	1879
Trockensuppen	Julius Maggi, Carl Knorr	1886
Coca-Cola	John Pemberton	1886
Backpulver	August Oetker	1891
Gehärtetes Pflanzenfett	Wilhelm Normann	1902
Mononatriumglutamat	Kikunae Ikeda	1908

—————————— WEIN „TAUFEN" ——————————

Jeder – oder fast jeder – Rotwein schmeckt besser, wenn man nur ein oder zwei Tropfen Wasser in das erste (und nur in das erste!) Glas hineingibt. Warum dies so ist, ist mir zwar nicht bekannt, aber es ist so. Es führt den Wein ein. Diesen bewundernswerten und wenig bekannten Brauch nennt man „den Wein taufen".

— HILAIRE BELLOC, *Advice*, um 1950

—————————— PIMMS ——————————

Die Rezeptur von PIMMS wurde 1823 von James Pimm entwickelt. Der Drink war als Ergänzung zu den Austern gedacht, die er in seinem Restaurant *The City of London* servierte. Obwohl der auf Gin basierende Pimms No.1 CUP die wohl bekannteste Variante des Getränks ist, wurden im Laufe der Jahre sechs weitere Sorten produziert, von denen jede eine andere Spirituose zur Grundlage hat:

No.1 .... Gin	No.3 ...... Weinbrand	No.5 .... Rye
No.2 .... Whisky	No.4 .... Rum	No.6 .... Wodka

DAS PESSACHMAHL

Das Pessachmahl zählt zu den wichtigsten Ereignissen im jüdischen Kalender. Es erinnert an den Auszug der Juden aus Ägypten und das Ende der Knechtschaft. Viele der Speisen und Getränke, die dabei verzehrt werden, weisen eine religiöse Symbolik auf:

MAZZA · *ungesäuertes Brot* – symbolisiert den eiligen Auszug der Juden aus Ägypten, als keine Zeit blieb, Teig säuern zu lassen. (Gesäuerte Speisen, *Hametz*, sind generell während des Pessachfestes verboten.)

WEIN · *während der Feier trinkt man vier Becher Wein* – vermutlich stehen sie für die „vier Versprechen Gottes". (Ein zusätzlicher Becher Wein wird für den Propheten Elija eingeschenkt und stehen gelassen.)

MAROR · *bittere Kräuter, häufig Chicorée oder Radieschen* – symbolisieren die Bitternis der Sklavenarbeit.

CHAROSSET · *ein Mus aus Äpfeln, Nüssen und etwas Rotwein* – symbolisiert den Mörtel, mit dem die versklavten Juden Ziegelsteine herstellen mussten.

SEROA · *Knochen (vom Lamm oder Huhn)* – symbolisieren das Pessachopfer.

BEIZA · *ein hart gekochtes Ei* – symbolisiert das Festopfer, das im Heiligen Tempel dargebracht wurde.

KARPASS · *grünes Gemüse wie Petersilie oder Salat* – symbolisiert neues Wachstum. Man tunkt es in SALZWASSER, das wiederum für die Tränen des Leids steht.

KOCHTEMPERATUREN

Beschreibung	°C	°F	Gaseinstellung	AGA-Herd[†]
sehr langsam	110	225	¼	sehr kalt
	120	250	½	
	140	275	1	
langsam	150	300	2	kalt
	160–170	325	3	
mäßig	180	350	4	warm
	190	375	5	mittel
mäßig heiß	200	400	6	mittelhoch
	220	425	7	
heiß	230	450	8	hoch
sehr heiß	240–260	475	9	sehr hoch

[†] AGA ist das Akronym der Herstellerfirma *Svenska [A]ktienbolaget [G]as[a]ccumulator Co.*

Schotts Sammelsurium Essen & Trinken

VERPFLEGUNGSANSPRÜCHE

Verträge zwischen Popmusikern und Veranstaltern beinhalten häufig höchst detaillierte Klauseln (*riders*), die die Verpflegunganforderungen im Backstage-Bereich regeln. Nachfolgend einige Kostproben:

Cher	*2 halbe Liter Cherry Rush Gatorade*
Frank Sinatra	*24 eisgekühlte Riesengarnelen*
Snoop Dogg	*„Frittiertes ist auf Tour Grundnahrungsmittel"*
Prince	*Kräutertees, Honig, 4 Zitronen*
Guns N' Roses	*Fettucini Alfredo für alle*
Britney Spears	*1 Tüte Cool Ranch Doritos-Chips; 1 Schachtel Altoids-Bonbons (Saurer Apfel-Geschmack)*
Tina Turner	*1 halber Liter Kakao*
Elton John	*„auf keinen Fall Aufschnitt"*
Kiss	*6 Karamell-Reiskuchen*
Burt Bacharach	*cremige Erdnussbutter*
The Beach Boys	*1 kleines Schälchen weiße Pistazien (keine roten!)*
ZZ Top	*1 Dose amerikanischer Schmelzkäse*
Barenaked Ladies	*1 große gemischte Obstplatte für 12 Pers. (kreativ sein, bitte ...!)*
The Rolling Stones	*„elegante, gepflegte Hostessen, die beim Servieren helfen"*
Aerosmith	*Maiskolben, frisch, nur drei Minuten gekocht*
The Who	*kleine Gemüseplatte; gemischte Häppchen; große Fruchtbowle*
Lynyrd Skynyrd	*frisches Obst der Saison, mit viel Wassermelone*

TAFELMUSIK

Obwohl Tafelmusik bereits in der griechischen und römischen Antike durchaus üblich war, hielt der Begriff erstmals um 1600 im höfischen Sprachgebrauch Einzug. In der Renaissance und im Barock war das Mahl einer der wichtigsten Anlässe des Musizierens. Während die Tafelmusik bei Hof als fester Bestandteil zum gesellschaftlichen Leben dazugehörte, galt sie in bürgerlichen Haushalten nur bei Hochzeiten als obligatorisch. Henriette Davidis empfiehlt in ihrem 1844 erschienenen Klassiker *Praktisches Kochbuch für einfache und feine Küche*, Folgendes zu beachten:

Findet bei der Tafel Musik statt, so müssen die Musiker, damit durch den Schall die Unterhaltung nicht gestört wird, in einem vom Speisesaal getrennten Raume oder doch wenigstens hinter einer Orangerie untergebracht werden. Das Programm soll sich auf leichte heitere Musik beschränken, da durch dieselbe die Stimmung der Gäste gehoben wird, während ernste höhere Vorträge zu vermeiden sind, weil dieselben doch meist unbeachtet vorübergehen.

Schotts Sammelsurium Essen & Trinken

KLEINER JAHRGANGSFÜHRER

	2000	1999	1998	1997	1996	1995	1994	1990	1989	1988	1986	1985	1983	1982
FRANKREICH · ELSASS	⊕	O	⊕	O	☆	☆	O	☆	☆	☆	O	☆	☆	
BORDEAUX [rot] · Médoc/Graves	⊕	⊕	⊕	O	⊕	⊕	O	☆	☆	☆	O	O	O	☆
St-Emilion/Pomerol	⊕	⊕	⊕	O	O	☆	O	☆	☆	☆	O	☆	O	☆
BORDEAUX [weiß] · Graves	O	O	O	O	O	O		☆	☆	☆	O	O	O	O
Sauternes/Barsac	⊕	⊕	⊕	⊕	⊕	⊕		☆	☆	☆	O	☆	☆	
BURGUND [rot] · Côte de Beune	⊕	⊕	⊕	O	⊕	☆	O	☆	☆	☆	O	O	O	
Beaujolais/Mâcon	O	O	O	O	O	☆								
BURGUND [weiß] · Chablis	O	O	O	O	O	O		☆	☆	O		O		
Côte de Beune	⊕	⊕	O	O	⊕	☆		☆	☆	☆		☆		
Mâconnaise/Chalonnaise	O	O			O	☆		☆	☆	O		O		
RHÔNE [rot] · Hermitage	⊕	⊕	⊕	O	⊕	☆	O	☆	☆	☆	O	☆	☆	☆
Châteauneuf-du-Pape	⊕	⊕	⊕	☆	O	☆	O	☆	☆	☆	O	☆	☆	☆
RHÔNE [weiß]	⊕	⊕	⊕	O	O	☆	O	☆	☆	O	O	O	O	
LOIRE	O	O	O	☆	O			☆	☆	O	O	O		
CHAMPAGNE	⊕	⊕	⊕		☆	☆		☆	☆	☆	☆	☆	O	O
NEUSEELAND [rot]	O	O	☆	O	☆	☆	O	O	O					
AUSTRALIEN [rot] · New Sth Wales	⊕	☆	☆				O			☆	☆	☆	O	
Südaustralien	⊕	⊕	⊕	⊕	☆		☆	O		☆	☆	O		☆
Victoria	⊕	☆	☆	O	☆		O	☆		O	☆			☆
Tasmanien	⊕	⊕	⊕	☆	O	☆	☆	☆	O	☆	☆	☆	O	O
Westaustralien	⊕	⊕	☆	☆	☆	☆	☆	☆	O	☆	☆	☆	O	O
ITALIEN [rot] · Barolo/Barbaresco	⊕	⊕	⊕	O	⊕	O		☆	☆	O		O		O
Toskana	⊕	⊕	O	☆	O	O		☆	☆	O	O	☆	O	O
Veneto	⊕	☆	O	☆	O	O		☆			☆		☆	
Süditalien & Inseln	O	☆	O	O										
SPANIEN [rot] · Rioja	⊕	⊕	O		☆	☆	☆	☆	☆	O		O	☆	
Ribera del Duero		⊕			O	O	O	☆	☆			O		O
USA · KALIFORNIEN · [weiß]	☆	☆	☆	O	☆	☆	☆	☆	O		☆			
[rot] Nördlich von San Francisco	⊕	⊕		⊕	☆	☆	☆	☆			O	☆		
[rot] Südlich von San Francisco		⊕	O	O	☆	☆	O	O				☆		
DEUTSCHLAND · Rhein	O	O			O	O	☆		☆	O	O		O	
Mosel	O	☆		O	O	☆		☆	O	O		O		
SÜDAMERIKA · [rot]		☆	☆	☆		☆	O	☆						
SÜDAFRIKA · [rot]	☆	O	☆	O		☆	O		O		O	☆		

	2000	1997	1994	1992	1991	1985	1983	1980	1977	1970	1966	1963	1955	1948
PORTWEIN [Vintage]	⊕	⊕	⊕	⊕	⊕	☆	O	☆	☆	☆	☆	☆	☆	☆

Dies ist ein sehr einfacher Führer zu einigen besonderen Weinen aus „klassischen" Anbaugebieten.
⊕ = Weine zum Einlagern · O = gute Weine zum sofortigen Genuss
☆ = sehr gute Weine zum sofortigen Genuss

DIE 12 SCHRITTE DER ANONYMEN ALKOHOLIKER

In Amerika kurz nach der Aufhebung der Prohibition 1935 gegründet, sind die Anonymen Alkoholiker heute eine weltweite Organisation, mit dem Ziel, ihren Mitgliedern dabei zu helfen, die Alkoholabhängigkeit zu überwinden und „trocken" zu bleiben. Von zentraler Bedeutung für die AA ist ein informeller, auf Freiwilligkeit beruhender Leitfaden – die so genannten 12 Schritte.

1. Wir gaben zu, dass wir dem Alkohol gegenüber machtlos sind – und unser Leben nicht mehr meistern konnten. 2. Wir kamen zu dem Glauben, dass eine Macht, größer als wir selbst, uns unsere geistige Gesundheit wiedergeben kann. 3. Wir fassten den Entschluss, unseren eigenen Willen und unser Leben der Sorge Gottes – wie wir Ihn verstanden – anzuvertrauen. 4. Wir machten eine gründliche und furchtlose Inventur in unserem Inneren. 5. Wir gaben Gott, uns selbst und einem anderen Menschen gegenüber unverhüllt unsere Fehler zu. 6. Wir waren völlig bereit, all diese Charakterfehler von Gott beseitigen zu lassen. 7. Demütig baten wir Ihn, unsere Mängel von uns zu nehmen. 8. Wir machten eine Liste aller Personen, denen wir Schaden zugefügt hatten, und wurden willig, ihn bei allen wieder gutzumachen. 9. Wir machten bei diesen Menschen alles wieder gut – wo immer es möglich war –, es sei denn, wir hätten dadurch sie oder andere verletzt. 10. Wir setzten die Inventur bei uns fort, und wenn wir Unrecht hatten, gaben wir es sofort zu. 11. Wir suchten durch Gebet und Besinnung die bewusste Verbindung zu Gott – wie wir Ihn verstanden – zu vertiefen. Wir baten Ihn nur, uns Seinen Willen erkennbar werden zu lassen und uns die Kraft zu geben, ihn auszuführen. 12. Nachdem wir durch diese Schritte spirituelles Erwachen erlebt hatten, versuchten wir, diese Botschaft an andere Alkoholiker weiterzugeben und unser tägliches Leben nach diesen Grundsätzen auszurichten.

DIE HARRIS-BENEDICT-FORMEL

Eine Methode, den täglichen Grundumsatz (GU) an Energie in Kilokalorien zu berechnen, ist die so genannte Harris-Benedict-Formel:

Grundumsatz bei Frauen (kcal/Tag) =
655 + (9,5 x Gewicht in kg) + (1,9 x Größe in cm) − (4,7 x Alter in Jahren)

Grundumsatz bei Männern (kcal/Tag) =
66 + (13,8 x Gewicht in kg) + (5 x Größe in cm) − (6,8 x Alter in Jahren)

Der Grundumsatz beschreibt die Energie, die man während 24 Stunden relativer Untätigkeit verbraucht.

MICHELIN-STERNE

Im Jahr 1900 veröffentlichten Edouard und André Michelin, Inhaber einer gerade zwei Jahre zuvor gegründeten Reifenfabrik, erstmals einen *Michelin-Führer*. Seither hat sich das alljährlich erscheinende Kompendium zum maßgeblichen gastronomischen Wegweiser für Feinschmecker entwickelt, berühmt für die erlesene Auswahl der besten Restaurants. Das verwendete Drei-Sterne-System, auf dem die Bewertungen basieren, stützt sich auf folgende täuschend einfache Kriterien: [*] „Eine sehr gute Küche – verdient Ihre besondere Beachtung"; [**] „Eine hervorragende Küche – verdient einen Umweg"; [***] „Eine der besten Küchen – eine Reise wert". In Wirklichkeit verleiht schon die Auszeichnung mit einem Michelin-Stern sowohl einem Haus als auch seinem Chefkoch sofortige Anerkennung, zwei Sterne bescheren Ruhm, und eine Drei-Sterne-Wertung kommt der Verleihung eines kulinarischen Nobelpreises gleich. Während 166 Häuser in Deutschland einen Stern tragen dürfen, besitzen nur 20 Restaurants zwei oder drei Sterne (Stand 2005):

KÜCHENCHEF	RESTAURANT	ORT
Heinz Winkler	*Restaurant Heinz Winkler***	Aschau
Harald Wohlfahrt	*Schwarzwaldstube***	Baiersbronn
Dieter Müller	*Restaurant D. Müller***	Bergisch-Gladbach
Joachim Wissler	*Vendôme***	Bergisch-Gladbach
Jean-Claude Bourgueil	*Im Schiffchen***	Düsseldorf
Helmut Thieltges	*Waldhotel Sonnora***	Wittlich/Dreis
Claus-Peter Lumpp	*Restaurant Bareiss***	Baiersbronn
Thomas Bühner	*La Table***	Dortmund
Peter Nöthel	*Hummerstübchen***	Düsseldorf
Berthold Bühler	*Residence***	Essen
Dieter L. Kaufmann	*Zur Traube***	Grevenbroich
Hans Haas	*Tantris***	München
Hans S. Steinheuer	*Zur Alten Post***	Bad Neuenahr-Ahrweiler
Christian Bau	*Gourmetrestaurant Schloss Berg***	Perl
Dirk Luther	*Seehotel Töpferhaus***	Rendsburg
Klaus Erfort	*GästeHaus***	Saarbrücken
Johannes King	*Dorint Sofitel Söl'ring Hof***	Sylt/Rantum
Martin Öxle	*Speisemeisterei***	Stuttgart
Hans-Paul Steiner	*Hirschen***	Sulzburg
Christian Jürgens	*Kastell***	Wernberg-Köblitz

SALAMANDER

Ein *Salamander* ist eine Grillschlange mit Oberhitze, die zum Gratinieren, in der leichten Küche auch zum kurzen Garen verwendet wird.

HOCHDEUTSCH-SCHWEIZERDEUTSCH KULINARISCH

Borretsch	Beielichrut	Müsli	Müesli
Butter	(der) Anke	Pellkartoffeln	Gschwellti
Erdnüsse	Spanischnüssl	Petersilie	Peterli
Feldsalat	Nüsslisalat, Nüssler	Pilze	Schwämm
Grünkohl	Federkohl	Rote Bete	Rande
Hähnchen	Güggel	Roulade	Fleischvogel
Hagebutte	Beiribüüzel	Rührteig	Biscuitteig
Kartoffeln	Erdöpfel, Herdöpfel	Sahne	Rahm, Nidel
Kartoffelpüree	Kartoffelstock	Sauerkraut	Surchrut
Kastanien	Cheschtene	Schnaps	Bätziwasser
Kopfsalat	Salaathäuptli	Spätzle	Knöpfli, Spätzli
Kirsche	Chriesi, Cherschi	Walnuss	Baumnuss
Kräuterkäse	Schabziger	Weißbrötchen	Weggli
Leitungswasser	Haneburger	Windbeutel	Ofechüechli
Löwenzahn	Sautätsch	Zuckererbse	Kefe
Möhren	Rüebli	Zwiebel	Böllä

Die Schreibweise obiger schweizerischer Begriffe lehnt sich an die mündliche Aussprache an; die Vokale in „üe" sind in jedem Fall einzeln auszusprechen, ebenso das „ie" in „Chriesli". Von den meisten Ausdrücken existieren eine Reihe regionaler Varianten.

FOIE GRAS

Manch einer findet sie unsäglich (und ungenießbar) grausam, denn die *Foie Gras* ist nichts anderes als die Leber von Gänsen oder Enten, die durch Zwangsfütterung auf ein Mehrfaches ihrer natürlichen Größe aufgebläht wurde. (Laut Larousse steht das Rekordgewicht einer Gänseleber bei 2 kg.) Meistens wird der Ursprung der *Foie Gras* auf die Römerzeit zurückgeführt, als man Gänse mit Feigen stopfte. Cato, Columella und Palladius geben Anweisungen zur Herstellung dieser Delikatesse; Kaiser Heliogabalus – der wegen seiner kurzen, von maßlosen Exzessen und homosexuellen Orgien geprägten Regierungszeit (218–222 n. Chr.) in die Geschichte einging – fütterte sogar seine Hunde mit *Foie Gras*. Allerdings soll *Foie Gras* auch schon im alten Ägypten bekannt gewesen sein, denn im Grab des berühmten Beamten Ti (um 2430 v. Chr.) der Fünften Dynastie stieß man auf Darstellungen einer Zwangsfütterung. Als ideale Getränke zu *Foie Gras* gelten üblicherweise Sauterne oder Sherry, aber auch Portwein, Madeira oder sogar Champagner haben ihre Fürsprecher. Grimod de la Reynière trank Schweizer Absinth zur *Foie Gras*, aber er warnte:

... nichts geht über eine ausgezeichnete *pâté de foie gras*:
an ihr starben mehr Gourmets als an der Pest.

FLETCHERISMUS

Der Fletcherismus (auch „Fletscherismus") war eine Ernährungs- und Lebensphilosophie, die Horace Fletcher (1849–1919) entwickelte, nachdem man ihm aufgrund seiner Fettleibigkeit den Abschluss einer Lebensversicherungspolice verwehrt hatte. Sein berühmtes Rezept für einen gesunden Körper und einen klaren Geist bestand größtenteils in einer Regulierung des Hungergefühls und des Kauvorgangs. Auch hierzulande fanden Fletchers Thesen breiten Anklang, so dass in *Meyers Lexikon* aus dem Jahr 1926 sogar der Ausdruck „fletschern" zu lesen ist, und zwar für dessen Vorschlag, „jeden Bissen zu einem Brei zu zerkauen, um die Nahrung mehr auszunutzen und den Nahrungsbedarf herabzusetzen". Allerdings gehen einige Prinzipien des Fletcherismus schon auf den britischen Premierminister William Gladstone zurück, der Kindern folgenden Ratschlag erteilt haben soll:

Kaue dein Essen mindestens zweiunddreißig Mal, damit jeder deiner zweiunddreißig Zähne etwas zu tun bekommt!

Von Zeitgenossen wurde der Fletcherismus oft als obskurer „Kau-Kult" belächelt, und viele warfen Fletcher vor, er predige lediglich „exzessives Wiederkäuen". Dennoch hatte die Kauphilosophie eine Reihe prominenter Anhänger, unter ihnen John D. Rockefeller, der überzeugt war, darin das beste Mittel gefunden zu haben, um „die Geißel der Verdauungsstörung niederzuringen". Die fünf Grundsätze des Fletcherismus lauten:

1. Warte, bis sich ein wirklicher, erarbeiteter Appetit einstellt.
2. Wähle dir von der nützlichen Nahrung diejenige, welche deinem Appetit am meisten zusagt, und in der Reihenfolge, wie sie deinem Appetit entspricht.
3. Ziehe den gesamten guten Geschmack, der in der Nahrung befindlich ist, im Munde aus ihr heraus und verschlucke sie erst, wenn sie tatsächlich „sich selbst verschluckt".
4. Genieße die Schmackhaftigkeit der Speise, soviel sie wert ist, und lasse kein niederdrückendes oder ablenkendes Gefühl irgendwelcher Art den Nahrungsprozess stören.
5. Warte die Zeit ab, nimm und genieße die Nahrung so viel als möglich. Die Natur wird das Übrige besorgen.

In der auch in Deutschland viel beachteten Broschüre *Wie ich mich selbst wieder jung machte im Alter von sechzig Jahren oder: Was ist Fletscherismus?* (1909) versteigt sich Fletcher gar zur wenig bescheidenen Behauptung: „Ich kann viele Beispiele für Langlebigkeit als Ergebnis des Fletscherismus an erlebten Fällen vorführen – in all seinen Abzweigungen der Mäßigkeit des Essens, sorgsamen Kauens, strahlenden Hoffens, praktischen Altruismus und verschwenderischer Lebensfähigkeit."

Schotts Sammelsurium Essen & Trinken

EINIGE NENNENSWERTE LOKALITÄTEN

DEUTSCHLAND

Abendmahl .... Berlin, B
Alfredo .... Köln, NRW
Auerbachs Keller .... Leipzig, SN
Bac Ho .... Hamburg, HH
Café/Bar ...... Frankfurt am Main, HE
Dör'n Schapp .... Vorwerk, SH
Eisenstein .... Hamburg, HH
Ernos Bistro .. Frankfurt am Main, HE
Fuggerei ..... Schwäbisch-Gmünd, BW
Gargantua .... Frankfurt am Main, HE
Golden Twenties .... München, BY
Hummerstübchen .. Dortmund, NRW
Kahnaletto .... Dresden, SN
Das kleine Rote .... Hamburg, HH
Konnopkes .... Berlin, B
Kulisse .... Altenburg, TH
Malatesta .... Berlin, B
Morikyu .... Düsseldorf, NRW
Neugrüns Köche .... Berlin, B
Ole Liese .... Gut Panker, SH
Pittelli .... Berlin, B
Po Nickelsen .... Sylt-Kampen, SH
Pop .... Heidelberg, RP
Sale & Tabacchi .... Berlin, B
Sarah Wiener .... Berlin, B
Schabernack .... Krailling, BY
Schuhbeck's .... München, BY
Tannenbaum .... Freiburg, BW
Wielandshöhe .... Stuttgart, BW

ANDERSWO

Accademia .... Zürich, Schweiz
Aries ..... Little Corn Island, Nicaragua
Auberge les 4vents .. Fribourg, Schweiz
Banana Leaf Apolo .. Singapur, Singapur
Café Al Cavallino Bianco . Rom, Italien
Chez Paul .... Paris, Frankreich
Five Flies .... Kapstadt, Südafrika
Goyza Centre .... Hakone, Japan
Gundeldingerhof ...... Basel, Schweiz
Haberbüni .... Liebefeld, Schweiz
J. Sheeky .... London, England
L'Ulmet .... Mailand, Italien
Loos Bar .... Wien, Österreich
Café Landtmann ... Wien, Österreich
Mar de la Ribera .. Barcelona, Spanien
Mogador .... New York, USA
Morgenstern .... Zürich, Schweiz
Ocean Sports Hotel ... Watamu, Kenia
Schloss Aigen ..... Salzburg, Österreich
Schwarzes Kameel .. Wien, Österreich
Taubenkogel ..... Schützen, Österreich
The Tavern of Rush .... Chicago, USA
Babbo .... New York, USA
Villa Santi ...... Luang Prabang, Laos
Walserhof .... Klosters, Schweiz
Weber's .... Ontario, Kanada
Wrenkh .... Wien, Österreich
Steirereck .... Pogusch, Österreich
Doyle's .... Sydney, Australien

GASTRONOMIE VS. ASTRONOMIE

*Ich betrachte die Entdeckung eines neuen Gerichts,
das unseren Appetit erhält und unsere Genüsse vermehrt,
für ein weit wichtigeres Ereignis als die Auffindung eines neuen Sternes,
deren man immerhin genug sieht. Ich werde stets die Wissenschaften
weder für hinlänglich geehrt noch für hinlänglich repräsentiert ansehen,
ehe ich nicht einen Koch in der Akademie der Wissenschaften erblicke.*

Also sprach der Arzt M. Henrion de Pansey (Präsident des obersten französischen Gerichtshofs) zum Astronomen Pierre Simon de Laplace (um 1810).

Schotts Sammelsurium Essen & Trinken

EINIGE LEKTÜREEMPFEHLUNGEN

De re coquinaria libri decem .... Marcus Gavius Apicius, um 300 n. Chr.
Tannhäuser-Tischzucht .... Tannhäuser [?], um 1200–1266
Buoch von guoter spîse .... Michael de Leone, 1350
The Forme of Cury ... „the Master-Cooks of King Richard II.", um 1390
Küchenmeisterei .... Anonym, um 1485–1490
The Book of Kervinge .... Wynkyn de Worde (Drucker), 1508
Opera divisa in sei libri .... Bartolomeo Scappi, 1570
Diaeteticon .... Johann Sigismund Elsholtz, 1682
Der vollkommene Bierbrauer .... Carl Wendlern, 1784
Grundzüge des gastronomischen Anstands ... Grimod de la Reynière, 1803
Le Maître d'hôtel Français .... Antonin Carême, 1822
Physiologie des Geschmacks .... Jean-Anthelme Brillat-Savarin, 1826
The Pantropheon .... Alexis Soyer, 1853
The Curiosities of Food .... Peter Lund Simmonds, 1859
Bierstudien .... Theodor Grässe, 1872
Die historische Küche: Ein Culturbild ..... Eufemia von Kudriaffsky, 1880
Das große Wörterbuch der Kochkunst .... Alexandre Dumas, 1873
Emma Allesteins Kochbuch (11. Aufl.) .... Emma Allestein, 1884
Why not eat Insects? .... Vincent M. Holt, 1885
Kochkunstführer .... Auguste Escoffier, 1903
On Leprosy and Fish Eating .... Sir Jonathan Hutchinson, 1906
Indian Fish of Proved Utility as Mosquito Destroyers .... S. Sewell, 1906
Der Vegetarismus in der Antike .... Johannes Hausleitner, 1935
The Toothbrush: Its Use and Abuse .... Isador Hirschfeld, 1939
Kochbuch der Venus .... Norman Douglas, 1952
Be Bold with Bananas .... South Africa Banana Control Board, 1970
Why Popeye Took Spinach .... R. Hunter, *The Lancet*, i;(7702):746–747 1971
Note on the Burundi Food Industry ...... Dept. of Trade & Industry, 1989
Mus, Brei und Suppe – kulturgeschichtlich betrachtet ...... Fritz Ruf, 1989
Schwein haben .... Hans-Dieter Dannenberg, 1990
Leere Töpfe, volle Töpfe .... G. Paczensky, A. Dünnbier, 1994
Das „Doktor Schiwago"-Kochbuch .... Boris Boljar, 1995
Bad Breath – A Multidisciplinary Approach .... D. van Steenberghe, 1996
Die Lust und ihr Preis .... John Lanchester, 1996
Das „Heidi"-Kochbuch .... Martin Walker, 1997
Proceedings of the 5th Cheese Symposium ..... Tim M. Cogan (Hg.), 1997
Kaffee – Erfrischung oder Mord? .... Wulf D. Alsen, 1998
Köstlichkeiten mit Blumen .... Alice Caron Lambert, 1999
Die Suppe lügt .... Hans Ulrich Grimm, 1999
Bubbles in Food .... Grant M. Campbell (Hg.), 1999
Der Würstelstand als Wille und Vorstellung .. D. Glattauer u. a. (Hg.), 2001
Kochkultur mit Absinth .... Michael Erdmann, 2003
Kochen mit Sarah Wiener .... Sarah Wiener, 2004

Schotts Sammelsurium Essen & Trinken

―――――――――― REGISTER ――――――――――

Schlechte Register-Ersteller sind überall, und was daran so bemerkenswert ist: Jeder von ihnen begeht dieselbe Art von Fehlern – dumme Fehler, die man zuvor für absolut unmöglich gehalten hat, bis man sie immer und immer wieder schwarz auf weiß vor sich sieht.

— HENRY B. WHEATLEY, *How to Make an Index*, 1902

―――――――――― ABSINTH – CACHAÇA ――――――――――

Absinth	111
Abstinenz, organisierte	69
Äpfel, berühmte	32
Alkohol, im Blut	13
DACH und DRV	23
und Energie	26
Alter, und Essen	27
Ambigu	31
Ambrosia	87
Amish, trad. Sitzordnung	84
Anonyme Alkoholiker, 12 Schritte	148
Anorexia	16
Anti-Aphrodisiaka	65
Aphrodisiaka	65
Apothekermaße, alte	119
Appetit, und Carême	127
Aromastoffe	93
Astronomie u. Gastronomie	152
Aufbewahrung, Kühlschrank	117
Gefriertruhe	117
Austern, Dickens über	41
Babuschka-Puppen-Braten	141
Bagels	82
Bankettgesetzgebung	134
Bay City Rollers	103
besinnlich	104
betrunken, umgangssprachlich	39
Bezoare	116
biblische Speisegräuel	38
Bier, dieser Welt	110
Glasgrößen, australische	26
Reinheitsgebot	75
Vitamine	104
Birdseye, Captain	92
Biss, Nigellas	112
Black Velvet, und Bismarck	60
Blähungen, Swift über	68; 104
Blumen, essbare	99
Body-Mass-Index	29
Bologneser Schule	141
Bowle	13
Boxty	91
Bra(e)twurst	85
Brillat-Savarin, Gebote der Tafelfreuden	28
gastronom. Eignungstests	135
Bristol-Stuhlgang-Typen	118
Bröckeln	115
Brot, Kanten	69
Klassifikation	128
schimmliges	22
sprichwörtliches	140
Wasser	137
Brote dieser Welt	55
Bulimia	16
Busch, Wilhelm	102
Cachaça	113

– 154 –

CAIPIRINHA – GESUNDE ERNÄHRUNG

Caipirinha 113
Captain Birdseye 92
Câreme über Appetit 92
Casseler 100
Champ, irisches 26
Champagner, Black Velvet 60
  Glaspyramide 19
  Trinken 25
Charakteristika, kulinarische ... 52
China-Restaurant-Syndrom 99
Christstollen, Dresdner 80
Churchills Goldene Regel 21
Coca-Cola-Logos 59
Cocktails 62
Cognac-Kürzel 122
Colonel Sanders 123
Cordon Bleu 16
Crèmes de 42
Curry 112
  Currypulver, ... 25
DACH 23
Diät- und Ernährungsratgeber .. 95
Dönerkebab 61
13 zu Tisch 20
Dresdner Christstollen 80
DRV 23
Durian 78
Ei, der Weisen 37
  Monster-Ei 125
  Straußeneier 136
Eier, drehen 37
  EU-Kennzeichnung 33
Eisesser, europäische 109
Eiswein 70
Energiebedarf 80
E-Nummern 130
eponyme Genüsse 44
Erdbeeren & Sahne 70
Erfinder und Erfindungen,
  kulinarische 144
Ernährung, vegetarische 129
Essen, allein 76
  ausspucken 132

und Alter 27
  blaues 107
  Gefängnis 118
  und Politik 113
  und Schwangerschaft 107
Essen und Trinken,
  lebenslänglich 21
  sprichwörtliches 114
Essenszeiten, formale 132
  für Mönche 64
Farbcodes für
  Lebensmittelsicherheit 134
Fastenzeiten 52
Favismus 71
Feuer sprühe, Kessel glühe! ... 11
Film, Kannibalismus 56
  Schlüsselgerichte 24
Finnland, gastronomische
  Einrichtungen 66
Fletcherismus 151
Flugreisen und Tomatensaft 30
Foie Gras 150
formale Essenszeiten 132
franz. Küche, Fachbegriffe 77
Froschschenkel 34
Früchte, der Saison 102
vier 51
Frühstück, Zitate 20
  Oslo 34
Fünf sind geladen 17
Fugu 138
Galantine 123
Gandhis Leibspeise 100
Garzeiten 105
Gastronomie, Hierarchie 103
Gastronomie u. Astronomie .. 152
Gefängnisessen 118
Gefriertruhe, Aufbewahrung .. 117
gekreuzte Schwerter 137
Gerichte und Getränke,
  gefährliche 72
Geschmacksrichtungen, fünf ... 23
gesunde Ernährung, 10 Regeln .. 15

– 155 –

— GEWÜRZE – MEISSENER PORZELLAN —

Gewürze, fünf und vier 31
 auf Latein 105
Ghee 25
Gicht 76
Gift, Mittel gegen 37
Giftpilze 142
Glückshormone, und Nudeln .. 95
Glutenunverträglichkeit 24
Gowers-Round, Regeln für
 Kellner 124
griech. Küche, Fachbegriffe 67
Häagen-Dasz 14
Halal 79
Harris-Benedict-Formel 148
Haushaltstipps 74
Heimlich-Manöver 88
Hippophagie 83
Hochdeutsch-Österreichisch,
 kulinarisch 14
Hochdeutsch-Schweizerisch,
 kulinarisch 150
Hochzeitstorte, Symbolik 42
Hock 58
Hörnchen 35
Honigmond 83
Hot-Dog-Wettessen 116
Hunde, essen 54
Hysteron Proteron 10
Imam fiel in Ohnmacht, Der .. 73
Indien, kulinarische Maße 41
-ivor 41
Jahrgangsführer 147
japanische Schnittformen 36
 Teezeremonie 94
 Tischsitten 127
Jubiläumshühnchen 119
Kaffee, Kantate 129
 Kopi Luwak 91
 Kunde 36
 mit Schuss 15
Kalender, kulinarischer 88
Kalorien, Bedarf 80
 Verbrauch 92

Werte 43
Kannibalismus im Film 56
Karaffe, reinigen 78
Kartoffeln & Kocheigen-
 schaften 50
Kasseler 100
Katerrezepte 121
Kaviar 137
Keimzahl, rohes Fleisch 57
Kennedy, J. F., Geburtstag 88
 Kuba & Zigarren 51
Keuchhusten 22
Kiddush 107
Knoblauch 93
Kochen, Zitate 108
Kochtemperaturen 145
Körpersäfte 17
koffeinhaltige Getränke 31
Konserven, Haltbarkeit 122
 Nahrung 58
Konstipation 81
Kopi Luwak 91
Krabbe blau 124
Kräuter auf Latein 105
Krönungshühnchen 119
Küchenkabinett 123
Kühlschrank, Aufbewahrung .. 117
Lakritze 51
laotische Küchenmaße 134
Lebensmittelsicherheit 134
Leibspeise, Gandhis 100
Leinwand & Bühne,
 Schlüsselgerichte 24
Lerchen 86
Letztes Abendmahl, Schema .. 116
Löffel 21
Lokalitäten, nennenswerte 152
Maikäferbouillon 110
Makkaroni 81
Manna 87
Martini 49
McDonald's, weltweit 66
Meissener Porzellan 137

Schotts Sammelsurium Essen & Trinken

MICHELIN-STERNE – SPAGHETTI (M)ESSEN

Michelin-Sterne............... 149
Mineralien 89
Mirepoix 75
Mittagessen, Zitate............. 36
„Mmms...", Homer Simpsons . 19
Mönche, Essenszeiten........... 64
Monster-Ei..................... 125
Mouton Rothschild-Etiketten.. 67
Muckefuck...................... 92
Muktuk 90
Musikgruppen,
   Verpflegungsansprüche 146
Nahrungsmittelkennzeichnung,
   EU-Richtlinien............... 16
Nationalgerichte,
   gewöhnungsbedürftige..... 102
Nektar......................... 87
Nemo, Kapitän.................. 31
Nigellas Biss................... 112
Nobelpreis-Bankett 106
norwegisches Omelette......... 91
Notvorrat 73
Nudeln, Glückshormone........ 95
Nudelsorten, italienische....... 96
Österreichisch-Hochdeutsch,
   kulinarisch................... 14
Olivenöl....................... 86
Omelette, norwegisches........ 91
Ortolan 128
Ortsnamen, kulinarische...... 143
Oslo-Frühstück................. 34
Parmentier 37
Parmigiano-Reggiano 143
Pessachmahl 145
Pferde, Verzehr................. 83
pH-Werte, Nahrungsmittel 34
Pica........................... 109
Pimms......................... 144
Pokalritual..................... 18
Politik, und Essen 113
Popcorn....................... 12
Prärieaustern.................. 110
Prost! rund um die Welt 10

Rauchen, Zitate................ 27
Rauchpunkte, Öl............. 132
Rauchringe..................... 11
Rauschstadien.................. 95
Rechnung, bitte................ 55
Reifezeiten, französische 18
Reinheitsgebot 75
Restaurant- und Küchen-
   personal.................... 139
römische Gelage, & Sklaven ... 46
Rosmarin, und Weihnachten . 122
Safran 11
Sake........................... 71
Salamander 149
Salate, wichtige 140
Salmonellen................... 139
Salpikon....................... 79
Salz........................... 133
Sanskrit-Küche................. 30
Schicklichkeitsregeln für
   Dienende.................... 56
Schmeckt fast wie 61
Schnitzel, Wiener Art......... 127
Schokolade,
   EU-Kennzeichnung 125
   Fabrik 136
   Geld......................... 54
   Toblerone.................... 76
Schutzheilige, kulinarische 22
Schwangerschaft, und Essen .. 107
Schweizerisch-Hochdeutsch,
   kulinarisch 150
Scoville-Skala.................. 47
Selbstmord, Küchenchefs..... 101
Serviettenfalten 120
Shakespeare, über Essen und
   Liebe 86
Siebenschläfer................. 138
Siedepunkt, von Wasser........ 87
Sklaven & römische Gelage.... 46
Smarties-Farben................ 82
Soßen, bemerkenswerte........ 90
Spaghetti (m)essen 22

SPANISCHER SALAT – ZWIEBELN

Spanischer Salat 90
Spargel & Urin 48
Speisegräuel, biblische 38
Sprichwörter, Brot 140
   Essen und Trinken 114
   Wasser 23
Steak bestellen 108
Straußeneier 136
Stückzahl, pro Pfund 48
Surströmming 126
Swift, über Blähungen 68; 104
   bescheidener Vorschlag 87
Tafelmusik 146
Tassen 21
Tatar 46
Tee, Blätterlesen 53
   Heine über 112
   Qualitätsgrade 19
   Zeremonie, japanische 94
Temperament von Köchen 50
Temperaturen, Umrechnung ... 68
Terroir 80
Thai-Küche 64
Tischgebete 98
Tischsitten, japanische 127
Tischzucht 136
Toast Melba 12
Toblerone-Gipfel 76
Tomaten, Name 124
   Saft 30
toponymes Essen & Trinken .. 120
Tranchiermesser 54
Trimalchio 81
Trinkertypen 57
Trinkgelder 115
Trinkwasserstandards der WHO . 30
Truthähne, begnadigte 84
Tucholskys Mitternachtswhisky . 82
Ubukashya 15
Ullage 35
Urin, und Spargel 48
Varro über Gastmähler 115
Vatel & Selbstmord 101

Vegetarier, berühmte 125
vegetarische Ernährung 129
Verdauungsstörungen 113
Verdauungszeiten 108
Verpflegungsansprüche 146
Vitamine 89
   im Bier 104
Völlerei 73
Vogelnestsuppe 119
Wale, Verzehr 94
Walross, gefrorenes 90
Wasser, sprichwörtliches 23
   Siedepunkte 87
   WHO-Standards 30
Wein, Fassgrößen 70
   Flaschenbezeichnungen 40
   Hock 58
   Jahrgangsführer 147
   Kunde 33
   taufen 144
   Temperatur 42
   Zitate 126
   zum Essen 143
Weltraumnahrung 60
Whisky 10
   und Tucholsky 82
Wiener Schnitzel 127
Zigarren, Farben 13
   Formate 100
   J. F. K. und Kuba 51
   Lagerung 17
   Liebhaber 84
Zitate, Diät 95
   Frühstück 20
   Kochen 108
   Mittagessen 36
   Rauchen 27
   Wein 126
Zöliakie 24
Zookost 85
Zucker im Sekt 103
   Stufen 120
Zwiebeln 17

Schotts Sammelsurium Essen & Trinken

> Die Köchin war eine gute Köchin,
> wenn man's recht bedenkt, und
> die gute Köchin, die es recht
> bedachte, ging.

— SAKI · *Hector Hugh Munro* (1870–1916)

———————— DIVERSE VORKOMMNISSE ————————

Begriff *Nennungen*	Kaffee 30	Zitronen 33
Schokolade 29	Fugu 25	Butter 41
Ortolan 12	Milch 59	Spargel 17
Eier 36	Käse 39	Fisch 54
Hähnchen 7	Kuchen 14	Pommes frites 2
Ubukashya 2	Brot 80	Pferde 9
Salate 7	Wein 142	Kater 6
Tee 52	Wasser 89	Muktuk 2

– *finis* –